Dieta Wegańska

Przewodnik dla Początkujących

Daria Gałek

Spis treści

Wstęp

"Dieta Wegańska: Przewodnik dla Początkujących" to kompleksowa książka, która oferuje wprowadzenie do diety wegańskiej. Bez względu na to, czy rozważasz przejście na wegański styl życia, czy po prostu chcesz dowiedzieć się więcej o korzyściach płynących z jedzenia roślin, ta książka jest dla Ciebie. Od zrozumienia, czym jest dieta wegańska, po obalenie powszechnych mitów, zdobędziesz solidne podstawy, aby rozpocząć podróż ku zdrowszemu i bardziej etycznemu stylowi życia.

Oprócz eksploracji podstaw weganizmu, książka zagłębia się w aspekty odżywcze diety opartej na roślinach. Odkryjesz źródła białka dla wegan, dowiesz się o istotnych witaminach i minerałach oraz zrozumiesz, jak zaspokoić swoje potrzeby żywieniowe jako weganin. Adresując obawy dotyczące niedoborów składników odżywczych, książka dostarcza praktycznych wskazówek, aby zapewnić, że utrzymasz zrównoważoną i zdrową dietę.

Ponadto "Dieta Wegańska: Przewodnik dla Początkujących" bada wpływ weganizmu na zdrowie, środowisko i dobrostan zwierząt. Dowiesz się o licznych korzyściach zdrowotnych płynących z diety wegańskiej, w tym utracie wagi i radzeniu sobie z przewlekłymi chorobami. Książka również zagłębia się w kwestie etyczne i środowiskowe weganizmu, rzucając światło na pozytywny wpływ, jaki może mieć na dobrostan zwierząt i zmiany klimatyczne. Z praktycznymi radami dotyczącymi przejścia na wegański styl życia, radzenia sobie w sytuacjach społecznych i znajdowania wegańskich alternatyw, ta książka wyposaża cię w wiedzę i zasoby potrzebne do przyjęcia satysfakcjonującego i zrównoważonego wegańskiego stylu życia.

1. Wprowadzenie do Diety Wegańskiej

1.1 Czym Jest Dieta Wegańska?

Dieta wegańska to rodzaj diety opartej na roślinach, wykluczającej spożycie produktów pochodzenia zwierzęcego. To wybór stylu życia, który wykracza poza preferencje żywieniowe i obejmuje inne aspekty życia, takie jak ubrania i produkty do pielęgnacji osobistej. Weganie decydują się unikać wszelkich form eksploatacji zwierząt i okrucieństwa, wybierając zamiast tego sposób życia oparty na współczuciu i zrównoważonych wartościach.

W istocie diety wegańskiej skupiają się na spożywaniu produktów roślinnych, takich jak owoce, warzywa, zboża, rośliny strączkowe, orzechy i nasiona. Te produkty dostarczają wszystkich niezbędnych składników odżywczych do zdrowej i zrównoważonej diety. Poprzez eliminację produktów pochodzenia zwierzęcego, weganie unikają spożycia mięsa, drobiu, ryb, jaj, nabiału i miodu.

Decyzja o przejściu na dietę wegańską często jest motywowana różnymi czynnikami, w tym obawami etycznymi, ekologicznymi i zdrowotnymi. Wielu weganki wybiera ten styl życia, aby wspierać dobrostan zwierząt, zmniejszyć swoje ślad węglowy i poprawić ogólny stan zdrowia.

Aspekty Etyczne

Jednym z głównych powodów, dla których ludzie przyjmują dietę wegańską, są obawy etyczne. Weganie wierzą w niezbywalną wartość i prawa wszystkich istot żywych, włączając w to zwierzęta. Odrzucają koncepcję wykorzystywania zwierząt do celów spożywczych, odzieżowych czy jakichkolwiek innych. Wybierając styl życia wegański, jednostki dążą do minimalizowania szkód i eksploatacji wobec zwierząt.

Aspekty Ekologiczne

Innym istotnym powodem stosowania diety wegańskiej jest jej pozytywny wpływ na środowisko. Hodowla zwierząt jest jednym z głównych źródeł emisji gazów cieplarnianych, wycinania lasów, zanieczyszczania wód i niszczenia siedlisk. Eliminując produkty zwierzęce z diety, weganie zmniejszają swój ślad węglowy i pomagają łagodzić szkody środowiskowe spowodowane przez przemysł hodowlany.

Aspekty Zdrowotne

Wbrew powszechnym przekonaniom dobrze zaplanowana dieta wegańska może dostarczyć wszystkich niezbędnych składników odżywczych dla optymalnego zdrowia. Produkty roślinne są bogate w błonnik, witaminy, minerały i antyoksydanty, które są niezbędne do utrzymania zdrowego organizmu. Dodatkowo dieta wegańska jest zazwyczaj uboga w nasycone tłuszcze i cholesterol, co może pomóc w redukcji ryzyka chorób serca, otyłości i niektórych rodzajów nowotworów.

Badania wykazały, że weganie mają zazwyczaj niższe ciśnienie krwi, poziom cholesterolu i wskaźnik masy ciała w porównaniu do nie-wegan. Mają również zmniejszone ryzyko rozwoju chorób przewlekłych, takich jak cukrzyca typu 2 czy niektóre rodzaje nowotworów. Jednak warto zauważyć, że jak każda dieta, dieta wegańska musi być dobrze zbilansowana i zawierać różnorodne, pełnowartościowe produkty, aby zapewnić spełnienie wszystkich potrzeb odżywczych.

Weganizm vs Wegetarianizm

Ważne jest odróżnienie między weganizmem a wegetarianizmem. Obydwie diety wykluczają spożycie mięsa, drobiu i ryb, ale wegetarianie mogą nadal spożywać produkty mleczne, jaja i miód. Weganie z kolei unikają wszystkich produktów pochodzenia zwierzęcego, w tym nabiału, jaj i miodu. Weganizm to bardziej kompleksowy wybór stylu życia, który wykracza poza preferencje żywieniowe.

Podsumowując, dieta wegańska to dieta oparta na roślinach, wykluczająca spożycie produktów pochodzenia zwierzęcego. Jest to wybór stylu życia napędzany względami etycznymi, ekologicznymi i zdrowotnymi. Przyjęcie diety wegańskiej ma na celu wspieranie dobrostanu zwierząt, zmniejszenie wpływu na środowisko i poprawę ogólnego stanu zdrowia.

1.2 Powszechne Mity dotyczące Weganizmu

Weganizm to styl życia i wybór żywieniowy, który zyskał znaczną popularność w ostatnich latach. Jednak wraz z wzrostem popularności pojawia się także wiele mitów i nieporozumień dotyczących weganizmu. W tej sekcji rozwiniemy kilka powszechnych nieporozumień na temat weganizmu i dostarczymy dokładnych informacji, które pomogą lepiej zrozumieć ten wybór stylu życia.

Ludzie są Mięsożercami

Jednym z najczęstszych mitów dotyczących weganizmu jest przekonanie, że ludzie są biologicznie zaprojektowani do spożywania mięsa. Chociaż prawdą jest, że nasi przodkowie spożywali produkty zwierzęce dla przeżycia, nasza fizjologia ewoluowała w czasie, i teraz jesteśmy zdolni do doskonalenia się na diecie opartej na roślinach.

Ludzie posiadają długi przewód pokarmowy, podobny do zwierząt roślinożernych, co umożliwia skuteczne trawienie pokarmów roślinnych. Dodatkowo nasze zęby i żuchwa są bardziej podobne do tych u roślinożerców, gdyż brakuje nam ostrych, mięsożernych zębów i silnych mięśni żuchwy, które występują u prawdziwych mięsożerców.

Wiele badań naukowych potwierdza, że dobrze zaplanowana dieta wegańska może dostarczyć wszystkich niezbędnych składników odżywczych dla optymalnego zdrowia, w tym białka, witamin, minerałów i niezbędnych kwasów tłuszczowych. W rzeczywistości wiele organizacji zdrowotnych, w tym Amerykańska Akademia Dietetyki i Żywienia, stwierdziło, że dobrze zaplanowana dieta wegańska jest odpowiednia dla wszystkich etapów życia, w tym dla ciąży, niemowlęctwa i dzieciństwa.

Weganizm to restrykcyjna dieta

Jednym z najczęstszych mitów dotyczących weganizmu jest przekonanie, że to restrykcyjna dieta, ograniczająca wybór jedzenia. Chociaż prawdą jest, że weganie unikają produktów pochodzenia zwierzęcego, takich jak mięso, nabiał, jaja i miód, to wciąż mają do dyspozycji szeroką gamę produktów roślinnych. Wręcz przeciwnie, dobrze zaplanowana dieta wegańska może być bogata w składniki odżywcze i oferować różnorodne smaki i tekstury. Wraz ze wzrostem popularności weganizmu pojawiło się wiele alternatyw roślinnych do tradycyjnych produktów pochodzenia zwierzęcego, co ułatwia cieszenie się różnorodnymi, pysznymi i pożywnymi posiłkami.

Weganie nie dostają wystarczająco białka

Kolejnym powszechnym nieporozumieniem jest przekonanie, że dla wegan trudno jest spełnić swoje zapotrzebowanie na białko. Jednak nie jest to prawda. Podczas gdy produkty zwierzęce są źródłem pełnowartościowego białka, co oznacza, że zawierają wszystkie niezbędne aminokwasy potrzebne naszemu organizmowi, istnieje wiele roślinnych źródeł białka, które również mogą dostarczyć wszystkich niezbędnych aminokwasów. Rośliny strączkowe, takie jak fasola, soczewica i ciecierzyca, są doskonałym źródłem białka dla wegan. Inne roślinne źródła białka obejmują tofu, tempeh, seitan, quinoa oraz różne orzechy i nasiona. Poprzez wprowadzenie różnorodnych źródeł białka do swojej diety, weganie mogą łatwo spełnić swoje zapotrzebowanie na ten składnik.

Dieta wegańska jest uboga w składniki odżywcze

Niektórzy ludzie wierzą, że diety wegańskie są ubogie w niezbędne składniki odżywcze, takie jak witaminy i minerały. Jednakże, przy odpowiednim planowaniu i uwzględnieniu potrzeb żywieniowych, dieta wegańska może dostarczyć wszystkich niezbędnych składników odżywczych dla optymalnego zdrowia. Ważne jest, aby weganie upewnili się, że spożywają zrównoważoną dietę, która obejmuje różnorodne owoce, warzywa, pełnoziarniste produkty zbożowe, rośliny strączkowe, orzechy i nasiona. Dodatkowo, niektóre składniki odżywcze, które są powszechnie występujące w produktach zwierzęcych, takie jak witamina B12 i kwasy omega-3, mogą wymagać suplementacji lub uzyskania z produktów wzbogaconych. Poprzez świadome monitorowanie spożycia składników odżywczych i podejmowanie świadomych wyborów żywieniowych, weganie mogą łatwo zaspokoić swoje potrzeby odżywcze.

Dieta wegańska jest droga

Istnieje przekonanie, że weganizm to drogi styl życia dostępny tylko dla tych o wyższych dochodach. Choć prawdą jest, że niektóre specjalistyczne produkty wegańskie mogą być droższe, dieta oparta na roślinach może być naprawdę przystępna cenowo. Podstawowe produkty, takie jak zboża, rośliny strączkowe, owoce i warzywa, często są bardziej przyjazne dla budżetu niż produkty pochodzenia zwierzęcego. Dodatkowo, gotowanie posiłków od podstaw przy użyciu nieprzetworzonych składników może być bardziej opłacalne niż korzystanie z gotowych dań. Przy odpowiednim planowaniu i zarządzaniu budżetem, weganizm może być zrównoważonym i przystępnym cenowo wyborem stylu życia dla osób z różnych środowisk.

Diety wegańskie nie są odpowiednie dla sportowców

Innym błędnym przekonaniem jest, że diety wegańskie nie są odpowiednie dla sportowców czy osób o wysokim zapotrzebowaniu energetycznym. Jednak liczni wegańscy sportowcy udowodnili, że możliwe jest osiąganie doskonałych wyników sportowych i utrzymanie optymalnej wydajności na diecie opartej na roślinach. Roślinne źródła białka, takie jak rośliny strączkowe, tofu i tempeh, mogą dostarczyć niezbędnych aminokwasów do naprawy i wzrostu mięśni. Dodatkowo, diety oparte na roślinach mogą być bogate w węglowodany, które stanowią podstawowe źródło energii dla aktywności fizycznej. Poprzez staranne planowanie posiłków i zapewnianie spełniania potrzeb energetycznych i żywieniowych, sportowcy wegańscy mogą osiągać sukcesy i realizować swoje cele fitness.

Diety wegańskie są nudne i pozbawione smaku

Niektórzy ludzie uważają, że diety wegańskie są mdłe i pozbawione smaku. Jednak jest to dalekie od prawdy. Dzięki obfitości składników roślinnych i kreatywności wegańskich kucharzy, jak i gotujących w domu, posiłki wegańskie mogą być niezwykle smaczne i satysfakcjonujące. Poprzez eksperymentowanie z ziołami, przyprawami i różnymi technikami gotowania, weganie mogą tworzyć pyszne i ekscytujące dania, które konkurują z potrawami niewegańskimi. Dodatkowo, dostępność alternatyw wegańskich, takich jak mięso roślinne i sery bez nabiału, umożliwia weganom cieszenie się znajomymi smakami i teksturami, jednocześnie pozostając wiernymi swoim wyborom żywieniowym.

Wszystko albo nic

Istnieje przekonanie, że weganizm to styl życia *wszystko albo nic*, co oznacza, że jeśli popełnisz błąd lub spożyjesz niewielką ilość produktów zwierzęcych, przestajesz być uważany za weganina. Jednak weganizm polega na świadomym dążeniu do unikania eksploatacji zwierząt i okrucieństwa w miarę możliwości. Nie jest to kwestia doskonałości, ale postępu. Wielu ludzi przyjmuje stopniowe podejście do weganizmu, stopniowo eliminując produkty zwierzęce ze swojej diety i stylu życia. Każdy mały krok w kierunku zmniejszenia spożycia produktów zwierzęcych i okrucieństwa wobec zwierząt jest krokiem we właściwym kierunku.

Podsumowując, weganizm często jest niewłaściwie rozumiany, a wokół tego stylu życia krąży wiele mitów. Poprzez rozwiewanie tych nieporozumień i dostarczanie dokładnych informacji mamy nadzieję rozwiać wszelkie wątpliwości lub obawy, jakie mogłeś mieć dotyczące weganizmu. Ważne jest podejście do weganizmu z otwartym umysłem i gotowością do nauki i adaptacji. Z odpowiednią wiedzą i zasobami, przejście na wegański styl życia może być satysfakcjonującą i pełną radości podróżą.

1.3 Rozpoczęcie Diety Wegańskiej

Przejście na dietę wegańską może być fascynującą i satysfakcjonującą podróżą. Niezależnie od tego, czy motywuje cię zdrowie, względy etyczne, czy środowiskowe, przyjęcie stylu życia wegańskiego może przynieść liczne korzyści. W tej sekcji omówimy kroki, które możesz podjąć, aby rozpocząć dietę wegańską, i dostarczymy praktyczne wskazówki, które pomogą ci w tej podróży.

Zrozumienie Podstaw

Zanim zanurzysz się w świecie weganizmu, ważne jest, abyś jasno zrozumiał, co oznacza przestrzeganie diety wegańskiej. Weganizm to styl życia, który dąży do wykluczenia wykorzystywania zwierząt do celów spożywczych, odzieżowych lub jakichkolwiek innych. Oznacza to, że jako weganin nie będziesz spożywać żadnych produktów zwierzęcych, w tym mięsa, drobiu, ryb, nabiału, jaj, miodu i innych składników pochodzenia zwierzęcego.

Edukacja

Jednym z pierwszych kroków w rozpoczęciu diety wegańskiej jest zdobycie wiedzy na temat zasad i korzyści płynących z weganizmu. Czytaj książki, oglądaj dokumenty i korzystaj z wiarygodnych źródeł online, aby dowiedzieć się więcej na temat aspektów etycznych, środowiskowych i zdrowotnych weganizmu. Ta wiedza wzmocni nie tylko twoje zaangażowanie, ale także wyposaży cię w informacje potrzebne do rozprawienia się z powszechnymi nieporozumieniami i wyzwaniami, które mogą się pojawić.

Stopniowa Zmiana czy Nagła Decyzja?

Jeśli chodzi o przejście na dietę wegańską, istnieją dwie główne metody: stopniowa zmiana lub nagła decyzja. Oba podejścia mają swoje zalety, a wybór zależy ostatecznie od twoich osobistych preferencji i okoliczności.

Stopniowa zmiana polega na stopniowym eliminowaniu produktów zwierzęcych z diety przez pewien czas. To podejście pozwala dostosować się do zmian we własnym tempie i daje czas na eksplorację i odkrywanie nowych roślinnych produktów i przepisów. Możesz zacząć od stopniowej eliminacji jednego produktu pochodzenia zwierzęcego na raz, takiego jak mięso czy nabiał, i stopniowo zastępować je wegańskimi alternatywami.

Z drugiej strony, nagła decyzja obejmuje natychmiastowe przejście na dietę wegańską. To podejście wymaga większego zaangażowania i może wymagać więcej planowania i przygotowań. Początkowa zmiana może być bardziej wymagająca, ale niektórzy ludzie łatwiej przestrzegają diety wegańskiej, gdy raz ją przyjmą.

Zapasy w Spiżarni

Aby zadbać o sukces na diecie wegańskiej, ważne jest posiadanie dobrze zaopatrzonej spiżarni i lodówki. Wypełnij swoją kuchnię różnorodnymi produktami roślinnymi, takimi jak owoce, warzywa, pełnoziarniste produkty zbożowe, rośliny strączkowe, orzechy i nasiona. Te produkty stanowią fundament twoich wegańskich posiłków i dostarczą ci niezbędnych składników odżywczych.

Oprócz produktów naturalnych, pomocne może być posiadanie w spiżarni pewnych podstawowych produktów wegańskich. Mogą to być roślinne alternatywy dla mleka (takie jak migdałowe, sojowe czy owsiane), tofu, tempeh, drożdże pokarmowe, roślinne białka w proszku oraz różnorodne zioła i przyprawy, które dodadzą smaku twoim potrawom.

Planowanie Posiłków i Odkrywanie Nowych Przepisów

Planowanie posiłków to istotne narzędzie dla sukcesu na diecie wegańskiej. Przygotowanie posiłków i przekąsek z wyprzedzeniem pomoże ci pozostać zorganizowanym, zaoszczędzić czas i zapewnić, że spełniasz swoje potrzeby żywieniowe. Zacznij od stworzenia cotygodniowego planu posiłków i sporządzenia listy zakupów na podstawie wybranych przepisów.

Istnieje niezliczona liczba wegańskich przepisów dostępnych online, w książkach kucharskich i na platformach społecznościowych. Eksperymentuj z różnymi kuchniami, smakami i technikami gotowania, aby utrzymać swoje posiłki ekscytujące i przyjemne. Nie bój się próbować nowych składników i być kreatywnym w kuchni.

Szukanie Wsparcia i Społeczności

Rozpoczęcie wegańskiej podróży może być łatwiejsze i przyjemniejsze, gdy masz wsparcie od osób o podobnych przekonaniach. Poszukaj społeczności wegańskich, zarówno online, jak i offline, gdzie możesz nawiązać kontakt z innymi, którzy podzielają twoje wartości i cele. Dołączanie do wegańskich grup społecznościowych, uczestniczenie w lokalnych wydarzeniach wegańskich i udział w warsztatach kulinarnej sztuki wegańskiej mogą dostarczyć ci cennego wsparcia, inspiracji i zasobów.

Zaspakajanie Potrzeb Żywieniowych

Jednym z powszechnych zmartwień dotyczących diety wegańskiej jest pytanie, czy może ona dostarczyć wszystkich niezbędnych składników odżywczych. Ważne jest, aby upewnić się, że spożywasz zrównoważoną i zróżnicowaną dietę, która obejmuje szeroki zakres produktów roślinnych. Zwróć uwagę na kluczowe składniki odżywcze, takie jak białko, żelazo, wapń, witamina B12, kwasy omega-3 i witamina D. Rozważ skonsultowanie się z dietetykiem lub specjalistą ds. żywienia wegańskiego, aby upewnić się, że spełniasz swoje potrzeby żywieniowe.

Wewnętrzna Motywacja

Pozostawanie zmotywowanym na diecie wegańskiej jest kluczowe dla długotrwałego sukcesu. Przypomnij sobie, dlaczego zdecydowałeś się przyjąć wegański styl życia, czy to ze względu na zdrowie, środowisko czy dobrostan zwierząt. Otaczaj się pozytywnymi wpływami, takimi jak książki, dokumenty i historie sukcesu, które wzmacniają twoje zaangażowanie w weganizm. Celebruj swoje postępy i osiągnięcia po drodze, i nie zbyt surowo oceniaj siebie, jeśli popełnisz błędy lub napotkasz trudności. Pamiętaj, że przejście na dietę wegańską to podróż, a każdy krok, jaki podejmujesz, czyni różnicę.

Poprzez podążanie tymi krokami i przyjęcie stylu życia wegańskiego, możesz rozpocząć satysfakcjonującą i pełną współczucia podróż, która nie tylko korzystnie wpłynie na twoje zdrowie, ale także przyczyni się do bardziej zrównoważonego i etycznego świata.

2. Odżywanie w Diecie Wegańskiej

2.1 Źródła Białka dla Wegan

Białko to istotny składnik odżywczy, który odgrywa kluczową rolę w wzroście, naprawie i utrzymaniu tkanek naszego ciała. Wielu ludzi uważa, że uzyskanie wystarczającej ilości białka w diecie wegańskiej może być wyzwaniem, ale to dalekie od prawdy. Podczas gdy prawdą jest, że produkty zwierzęce często są uważane za główne źródło białka, istnieje wiele roślinnych źródeł białka, które mogą zaspokoić twoje potrzeby żywieniowe jako weganin.

Strączki

Strączki to doskonałe źródła białka dla wegan. Obejmują fasolę, soczewicę, ciecierzycę i groch. Strączki nie tylko są bogate w białko, ale także dostarczają dużo błonnika, witamin i minerałów. Są wszechstronne i mogą być używane w różnych potrawach, takich jak zupy, gulasze, sałatki, a nawet burgery. Regularne dodawanie strączków do swoich posiłków może pomóc w spełnieniu zapotrzebowania na białko.

Tofu i Tempeh

Tofu i tempeh to popularne roślinne źródła białka, które są wykonane z soi. Tofu to wszechstronny składnik, który może być używany w potrawach duszonych, curry, a nawet deserach. Ma łagodny smak i absorbuje smaki składników, z którymi jest gotowany. Tempeh z kolei ma orzechowy smak i bardziej zwartą konsystencję. Może być marynowany i grillowany lub używany w kanapkach i sałatkach. Zarówno tofu, jak i tempeh są bogate w białko i mogą być doskonałym dodatkiem do diety wegańskiej.

Seitan

Seitan, znany również jako mięso pszenne lub gluten pszenny, to wysokobiałkowe jedzenie wykonane z glutenu, białka znajdującego się w pszenicy. Ma żującą konsystencję i może być używany jako substytut mięsa w różnych potrawach. Seitan to dobre źródło białka i może być wartościowym dodatkiem do diety wegańskiej, zwłaszcza dla tych, którzy lubią teksturę i smak mięsa.

Quinoa

Quinoa to kompletna białkowa, co oznacza, że zawiera wszystkie dziewięć niezbędnych aminokwasów, których nasze ciała potrzebują. Jest to nasiona podobne do ziarna, które nie zawiera glutenu i łatwo się gotuje. Quinoa może być używana jako baza do sałatek, dodawana do zup lub stosowana jako substytut ryżu. Jest nie tylko doskonałym źródłem białka, ale również dostarcza błonnika, żelaza i magnezu.

Orzechy i Nasiona

Orzechy i nasiona nie tylko są bogate w zdrowe tłuszcze, ale również dostarczają dużo białka. Migdały, orzechy włoskie, nerkowce, nasiona chia, siemię lniane i nasiona konopi to wszystko doskonałe źródła białka pochodzenia roślinnego. Mogą być spożywane jako przekąska, dodawane do smoothie lub używane jako dodatki do sałatek i deserów. Włączenie różnorodnych orzechów i nasion do diety może pomóc w spełnieniu potrzeb białkowych.

Roślinne Proteiny w Proszku

Dla tych, którzy mają większe zapotrzebowanie na białko lub znajdują trudności w spełnieniu go wyłącznie za pomocą produktów naturalnych, roślinne proteiny w proszku mogą być wygodną opcją. Te proszki są zwykle wykonane z źródeł takich jak groch, brązowy ryż lub konopie. Mogą być dodawane do smoothie, owsianki lub wypieków, aby zwiększyć spożycie białka.

Warto zauważyć, że choć roślinne źródła białka są obfite, ważne jest spożywanie różnorodnych produktów, aby upewnić się, że dostarczasz wszystkich niezbędnych aminokwasów, których ciało potrzebuje. Poprzez włączenie kombinacji strączków, tofu, tempeh, quinoa, orzechów, nasion i roślinnych protein w proszku do diety, możesz łatwo spełnić swoje zapotrzebowanie na białko jako weganin.

Pamiętaj, że białko to tylko jeden składnik zrównoważonej diety. Ważne jest również spożywanie różnorodnych owoców, warzyw, pełnoziarnistych produktów zbożowych i zdrowych tłuszczów, aby zapewnić dostarczanie wszystkich niezbędnych składników odżywczych dla optymalnego zdrowia.

2.2 Witaminy i Minerały w Diecie Wegańskiej

Dobrze zaplanowana dieta wegańska może dostarczyć wszystkich niezbędnych witamin i minerałów, których potrzebuje twoje ciało, aby rozwijać się w pełni. Koncentrując się na różnorodnych roślinnych produktach spożywczych, łatwo możesz zaspokoić swoje potrzeby żywieniowe i utrzymać optymalne zdrowie. W tej sekcji omówimy istotne witaminy i minerały w diecie wegańskiej oraz jak zadbać o ich odpowiednią ilość.

Najważniejsze witaminy

Witamina B12

Witamina B12 jest jednym z najważniejszych składników odżywczych, na które weganie powinni zwrócić uwagę, ponieważ występuje głównie w produktach pochodzenia zwierzęcego. Witamina ta jest kluczowa dla tworzenia czerwonych krwinek i prawidłowego funkcjonowania układu nerwowego. Chociaż źródła witaminy B12 w produktach roślinnych są ograniczone, można ją uzyskać poprzez spożywanie wzbogaconych produktów, takich jak roślinne mleka, płatki śniadaniowe i drożdże spożywcze. Zaleca się także przyjmowanie suplementu witaminy B12, aby zapewnić wystarczającą podaż.

Witamina D

Witamina D jest niezbędna dla zdrowia kości i pełni rolę w funkcji układu immunologicznego. Chociaż słońce jest naturalnym źródłem witaminy D, czasem może być trudno uzyskać jej wystarczającą ilość tylko dzięki światłu słonecznemu, zwłaszcza dla osób mieszkających na północnych szerokościach geograficznych czy w okresie zimowym. Weganie mogą uzyskać witaminę D poprzez spożywanie wzbogaconych roślinnych mlecz, płatków śniadaniowych i suplementów pochodzenia porostów lub grzybów.

Żelazo

Żelazo jest niezbędne do produkcji czerwonych krwinek i transportu tlenu w organizmie. Roślinne źródła żelaza obejmują strączki, tofu, tempeh, pełnoziarniste produkty zbożowe, orzechy, nasiona i ciemnozielone warzywa liściaste. Aby zwiększyć wchłanianie żelaza, zaleca się spożywanie pokarmów bogatych w witaminę C, takich jak owoce cytrusowe czy papryka, równocześnie z produktami bogatymi w żelazo.

Wapń

Wapń jest niezbędny dla utrzymania silnych kości i zębów, a także dla prawidłowego funkcjonowania mięśni i nerwów. Podczas gdy produkty mleczne są powszechnym źródłem wapnia, weganie mogą uzyskać ten minerał z roślinnych źródeł, takich jak wzbogacone roślinne mleka, tofu, tempeh, migdały, nasiona sezamu i zielone warzywa liściaste, takie jak jarmuż czy brokuły.

Ważne Minerały

Cynk

Cynk uczestniczy w różnych funkcjach organizmu, w tym w funkcji immunologicznej, gojeniu się ran i syntezie DNA. Roślinne źródła cynku obejmują strączki, pełnoziarniste produkty zbożowe, orzechy, nasiona i tofu. Namaczanie, kiszenie lub kiełkowanie tych produktów może zwiększyć wchłanianie cynku.

Jod

Jod jest niezbędny dla funkcji tarczycy i produkcji hormonów tarczycy. Weganie mogą uzyskać jod z soli jodowanej, wodorostów i suplementów. Jednak ważne jest, aby uważać na zawartość jodu w wodorostach, ponieważ jego nadmiar może być szkodliwy.

Kwasy Tłuszczowe Omega-3

Kwasy tłuszczowe omega-3 są kluczowe dla zdrowia mózgu, serca i redukcji stanów zapalnych w organizmie. Podczas gdy ryby są powszechnym źródłem omega-3, weganie mogą uzyskać je z roślinnych źródeł, takich jak siemię lniane, nasiona chia, nasiona konopi, orzechy włoskie i suplementy na bazie alg.

Selen

Selen to istotny minerał, który działa jako przeciwutleniacz i wspiera funkcję tarczycy. Roślinne źródła selenu obejmują orzechy brazylijskie, strączki, pełnoziarniste produkty zbożowe i grzyby.

2.3 Zaspokajanie Potrzeb Żywieniowych na Diecie Wegańskiej

Powszechnym zmartwieniem osób rozważających dietę wegańską jest pytanie, czy taka dieta może dostarczyć wszystkich niezbędnych składników odżywczych dla optymalnego zdrowia. Możesz być pewien, że dobrze zaplanowana dieta wegańska faktycznie może zaspokoić wszystkie Twoje potrzeby żywieniowe. Poprzez włączenie różnorodnych roślinnych produktów spożywczych, możesz uzyskać obfitość niezbędnych witamin, minerałów i makroskładników.

Makroskładniki w Diecie Wegańskiej

Makroskładniki, w tym węglowodany, białka i tłuszcze, stanowią główne źródła energii dla naszych organizmów. Chociaż niektórzy mogą sądzić, że trudno jest uzyskać wystarczającą ilość białka na diecie wegańskiej, istnieje wiele roślinnych źródeł białka dostępnych.

Źródła Białka dla Wegan

Białko jest niezbędne do budowy i naprawy tkanek, wsparcia funkcji odpornościowej i utrzymania ogólnego zdrowia. Wbrew powszechnej opinii, istnieje wiele roślinnych źródeł białka, które mogą zaspokoić Twoje potrzeby. Strączki, takie jak soczewica, ciecierzyca i czarne fasolki, są doskonałymi źródłami białka. Dodatkowo tofu, tempeh, seitan i edamame są bogate w białko i mogą być włączone do różnych potraw. Zboża, takie jak quinoa, amarantus i brązowy ryż, również zawierają białko, podobnie jak orzechy i nasiona, takie jak migdały, nasiona chia i nasiona konopi. Poprzez włączenie różnorodnych tych produktów spożywczych do diety, możesz łatwo zaspokoić swoje zapotrzebowanie na białko.

Tłuszcze w Diecie Wegańskiej

Tłuszcze stanowią istotną część zrównoważonej diety, dostarczając energii, wspomagając wchłanianie witamin rozpuszczalnych w tłuszczach i wspierając zdrowie mózgu. Chociaż ważne jest spożywanie tłuszczów w umiarkowanych ilościach, istnieje wiele roślinnych źródeł zdrowych tłuszczów. Awokado, orzechy, nasiona i ich oleje to doskonałe źródła tłuszczów jednonienasyconych i wielonienasyconych. Te tłuszcze są korzystne dla zdrowia serca i mogą być dodawane do potraw lub używane jako dodatki do sosów.

Mikroskładniki w Diecie Wegańskiej

Mikroskładniki, w tym witaminy i minerały, są niezbędne dla różnych funkcji organizmu i ogólnego samopoczucia. Chociaż niektóre składniki odżywcze mogą wymagać większej uwagi na diecie wegańskiej, dzięki odpowiedniemu planowaniu, możesz łatwo zaspokoić swoje potrzeby.

Wapń

Wapń jest niezbędny dla utrzymania silnych kości i zębów, a także dla wspierania funkcji mięśni i przewodzenia nerwowego. Podczas gdy produkty mleczne są powszechnie kojarzone z wapniem, istnieje wiele roślinnych źródeł dostępnych. Produkty takie jak wzbogacone napoje roślinne, tofu, tempeh, warzywa liściaste (takie jak jarmuż i brokuły) oraz tofu z dodatkiem wapnia to doskonałe źródła wapnia.

Żelazo

Żelazo jest niezbędne do produkcji czerwonych krwinek i transportu tlenu w całym ciele. Roślinne źródła żelaza obejmują strączki, tofu, tempeh, quinoa, wzbogacone płatki śniadaniowe, orzechy, nasiona i ciemnozielone warzywa liściaste. Aby zwiększyć absorpcję żelaza, korzystne jest spożywanie jedzenia bogatego w witaminę C, takiego jak owoce cytrusowe czy papryka, równocześnie z żelazem.

Witamina B12

Witamina B12 jest kluczowa dla funkcji nerwowej, syntezy DNA i produkcji czerwonych krwinek. Ponieważ głównie występuje w produktach pochodzenia zwierzęcego, dla wegan istotne jest uzyskiwanie witaminy B12 z wzbogaconych produktów spożywczych lub suplementów. Wzbogacone napoje roślinne, płatki śniadaniowe, drożdże pokarmowe i suplementy B12 to niezawodne źródła tej ważnej witaminy.

Kwasy Tłuszczowe Omega-3

Kwasy tłuszczowe omega-3 odgrywają kluczową rolę w zdrowiu mózgu, redukcji stanów zapalnych i wspieraniu zdrowia serca. Chociaż ryby są powszechnie kojarzone z kwasami tłuszczowymi omega-3, istnieją również roślinne źródła. Siemię lniane, nasiona chia, nasiona konopi, orzechy włoskie i suplementy na bazie alg to doskonałe źródła kwasów tłuszczowych omega-3.

Planowanie Posiłków i Zrównoważone Odżywianie

Aby upewnić się, że spełniasz swoje potrzeby żywieniowe jako wegan, ważne jest skoncentrowanie się na zrównoważonym odżywianiu i planowaniu posiłków. Poprzez uwzględnianie różnorodnych owoców, warzyw, pełnoziarnistych produktów zbożowych, strączków, orzechów i nasion w swoich posiłkach, możesz uzyskać szeroką gamę składników odżywczych. Staraj się uwzględniać różne kolory owoców i warzyw, aby zapewnić zróżnicowane spożycie składników odżywczych.

Dodatkowo korzystne jest świadome kontrolowanie wielkości porcji i słuchanie sygnałów głodu i sytości swojego ciała. Jeśli masz konkretne ograniczenia żywieniowe lub obawy, skonsultowanie się z dietetykiem zarejestrowanym, specjalizującym się w żywieniu roślinnym, może dostarczyć spersonalizowanych wskazówek i wsparcia.

Pamiętaj, że dobrze zaplanowana dieta wegańska może dostarczyć wszystkich niezbędnych składników odżywczych dla optymalnego zdrowia. Poprzez świadome wybieranie posiłków i uwzględnianie różnorodnych roślinnych produktów spożywczych, możesz doskonale prosperować na diecie wegańskiej, jednocześnie spełniając swoje potrzeby żywieniowe.

Suplementacja

Chociaż dobrze zaplanowana dieta wegańska może dostarczyć wszystkich niezbędnych składników odżywczych, niektóre osoby mogą nadal skorzystać z suplementacji. Dotyczy to zwłaszcza witaminy B12, która przeważnie występuje w produktach pochodzenia zwierzęcego. Jeśli nie jesteś w stanie uzyskać wystarczającej ilości witaminy B12 z wzbogaconych produktów spożywczych, zaleca się przyjmowanie suplementu z witaminą B12.

Dodatkowo niektóre osoby mogą potrzebować suplementacji w przypadku innych składników odżywczych, takich jak żelazo czy kwasy tłuszczowe omega-3. Ważne jest skonsultowanie się z profesjonalistą medycznym lub dietetykiem zarejestrowanym, aby ustalić, czy suplementacja jest konieczna w przypadku Twoich konkretnych potrzeb.

Konsultacja z Profesjonalistą

Jeśli masz obawy dotyczące spełnienia swoich potrzeb żywieniowych na diecie wegańskiej, zawsze warto skonsultować się z lekarzem lub dietetykiem. Mogą ocenić Twoje indywidualne potrzeby, dostarczyć spersonalizowanych zaleceń i odpowiedzieć na konkretne obawy, jakie możesz mieć.

Pamiętaj, że przy właściwym planowaniu i posiadaniu wiedzy, dieta wegańska może dostarczyć wszystkich niezbędnych składników odżywczych dla optymalnego zdrowia. Poprzez włączenie różnorodnych produktów roślinnych i uwzględnianie kluczowych składników odżywczych, możesz doskonale prosperować na diecie wegańskiej i cieszyć się licznymi korzyściami zdrowotnymi, jakie ona niesie.

3. Weganizm a Zdrowie

3.1 Korzyści Zdrowotne Związane z Dietą Wegańską

Dzięki licznych korzyściom zdrowotnym, dieta wegańska, wykluczająca wszelkie produkty pochodzenia zwierzęcego, zyskała popularność w ostatnich latach. Badania wykazały, że przyjęcie stylu życia wegańskiego może pozytywnie wpłynąć na ogólne zdrowie i samopoczucie. W tej sekcji omówimy różnorodne korzyści zdrowotne związane z dietą wegańską.

Zmniejszone Ryzyko Chorób Przewlekłych

Jedną z kluczowych korzyści zdrowotnych diety wegańskiej jest jej potencjał do zmniejszenia ryzyka chorób przewlekłych. Badania konsekwentnie wykazują, że weganie mają mniejsze ryzyko rozwoju chorób takich jak choroba serca, nadciśnienie, cukrzyca typu 2 i niektóre rodzaje nowotworów. Wynika to głównie z wysokiego spożycia owoców, warzyw, pełnoziarnistych produktów zbożowych, strączków i orzechów, bogatych w niezbędne składniki odżywcze i antyoksydanty.

Utrata wagi

Kolejną istotną zaletą diety wegańskiej jest jej skuteczność w utrzymaniu prawidłowej wagi. Diety oparte na roślinach mają tendencję do zawierania mniejszej ilości kalorii i nasyconych tłuszczów w porównaniu do diet, które obejmują produkty pochodzenia zwierzęcego. Może to prowadzić do utraty wagi i zmniejszenia ryzyka otyłości. Dodatkowo, wysoka zawartość błonnika w roślinnych produktach spożywczych sprzyja uczuciu sytości, co może pomóc w kontrolowaniu apetytu i zapobieganiu przejadaniu się.

Poprawione Zdrowie Układu Trawiennego

Dieta wegańska, bogata w błonnik z owoców, warzyw, pełnoziarnistych produktów zbożowych i strączków, może wspierać zdrowy układ trawienny. Właściwe spożycie błonnika pomaga zapobiegać zaparciom, sprzyja regularnym ruchom jelit i wspiera zdrową mikroflorę jelitową. Sprawny układ trawienny jest istotny dla wchłaniania składników odżywczych i ogólnego zdrowia.

Obniżony Poziom Cholesterolu

Produkty pochodzenia zwierzęcego, zwłaszcza mięso i produkty mleczne, są głównym źródłem cholesterolu w diecie. Eliminując te produkty ze swojej diety, można znacząco zmniejszyć spożycie cholesterolu. Diety oparte na roślinach wykazują tendencję do obniżania ogólnych poziomów cholesterolu, w tym LDL, powszechnie znanego jako "zły" cholesterol. To obniżenie poziomu cholesterolu może przyczynić się do zdrowszego układu sercowo-naczyniowego i zmniejszenia ryzyka chorób serca.

Zwiększone Spożycie Składników Odżywczych

Wbrew powszechnym przekonaniom, dobrze zaplanowana dieta wegańska może dostarczyć wszystkich niezbędnych składników odżywczych dla optymalnego zdrowia. Koncentrując się na różnorodnych produktach roślinnych, weganie mogą uzyskać obfitość niezbędnych składników odżywczych, w tym witamin, minerałów i antyoksydantów. Roślinne źródła białka, takie jak strączki, tofu, tempeh i seitan, mogą zaspokoić wymagania dotyczące białka. Dodatkowo roślinne źródła wapnia, żelaza, kwasów tłuszczowych omega-3 i witaminy B12 mogą być włączone do diety wegańskiej poprzez wzbogacone produkty spożywcze lub suplementy.

Poprawione Zdrowie Skóry

Spożywanie diety wegańskiej może także wpływać pozytywnie na zdrowie skóry. Produkty roślinne są zazwyczaj bogate w antyoksydanty, które pomagają chronić skórę przed uszkodzeniem wywołanym przez wolne rodniki. Dodatkowo, wysoka zawartość wody w owocach i warzywach może przyczynić się do poprawy nawodnienia, prowadząc do zdrowszej i bardziej promiennej skóry.

Zwiększone Poziomy Energii

Wielu ludzi zgłasza zwiększoną ilość energii po przejściu na dietę wegańską. Może to być wynikiem odżywczej natury roślinnych produktów spożywczych, które dostarczają stabilne źródło energii przez cały dzień. Dodatkowo, brak ciężkich, przetworzonych produktów pochodzenia zwierzęcego może złagodzić uczucie ociężałości i promować ogólną witalność.

Mniej Stanów Zapalnych

Przewlekłe stany zapalne są wspólnym czynnikiem związanym z różnymi chorobami, w tym chorobą serca, cukrzycą i niektórymi rodzajami nowotworów. Diety oparte na roślinach, bogate w przeciwzapalne związki zawarte w owocach, warzywach i pełnoziarnistych produktach zbożowych, mogą pomóc w redukcji stanu zapalnego w organizmie. Redukcja stanu zapalnego dzięki diecie wegańskiej może przyczynić się do zmniejszenia ryzyka rozwoju chorób przewlekłych.

Podsumowując, dieta wegańska oferuje liczne korzyści zdrowotne, w tym zmniejszone ryzyko chorób przewlekłych, zarządzanie wagą, poprawione zdrowie układu trawiennego, obniżone poziomy cholesterolu, zwiększone spożycie składników odżywczych, poprawione zdrowie skóry, zwiększone poziomy energii i zmniejszoną inflamację. Przez przyjęcie dobrze zaplanowanego stylu życia wegańskiego, jednostki mogą poprawić swoje ogólne zdrowie i samopoczucie, delektując się jednocześnie różnorodnym i smacznym zakresem roślinnych produktów spożywczych.

3.2 Utrata Wagi na Diecie Wegańskiej

Wiele osób decyduje się na dietę wegańską z różnych powodów, w tym także z myślą o utracie wagi. Charakterystyczna dla diety wegańskiej skoncentrowanie na produktach roślinnych, eliminując jednocześnie produkty pochodzenia zwierzęcego, może być skutecznym sposobem na pozbycie się nadmiaru kilogramów i poprawę ogólnego zdrowia. W tej sekcji przyjrzymy się związkom między dietą wegańską a utratą wagi, a także przedstawimy wskazówki i strategie pomocne w osiągnięciu celów związanych z utratą wagi na diecie wegańskiej.

Zrozumienie Utraty Wagi

Utrata wagi następuje, gdy spożywasz mniej kalorii niż potrzebuje twoje ciało, co prowadzi do deficytu kalorycznego. Ten deficyt zmusza organizm do sięgania po zgromadzone rezerwy tłuszczu w celu uzyskania energii, co w rezultacie prowadzi do utraty wagi w dłuższej perspektywie czasowej. Chociaż spożycie kalorii to kluczowy czynnik w utracie wagi, jakość spożywanych kalorii odgrywa także istotną rolę w ogólnym zdrowiu i samopoczuciu.

Zalety Wegańskiej Diety dla Utraty Wagi

Dieta wegańska może przynieść kilka korzyści związanych z utratą wagi. Po pierwsze, produkty roślinne zazwyczaj zawierają mniej kalorii i więcej błonnika w porównaniu do produktów zwierzęcych. Oznacza to, że możesz spożywać większą ilość jedzenia, jednocześnie kontrolując ilość spożywanych kalorii. Wysoka zawartość błonnika w produktach roślinnych także pomaga utrzymać uczucie sytości na dłużej, zmniejszając ryzyko objadania się.

Dodatkowo, dieta wegańska jest zazwyczaj bogata w węglowodany złożone, takie jak pełnoziarniste produkty zbożowe, rośliny strączkowe i owoce, które dostarczają stałego źródła energii w ciągu dnia. To może przyczynić się do zapobiegania nagłym spadkom energii i zmniejszać ochotę na niezdrowe przekąski. Ponadto, diety oparte na roślinach są ogólnie ubogie w nasycone tłuszcze i cholesterol, które często występują w produktach zwierzęcych. Eliminując te niezdrowe tłuszcze, możesz zmniejszyć ryzyko chorób serca i innych schorzeń przewlekłych.

Balansowanie Makroskładnikami

Chociaż dieta wegańska może być korzystna dla utraty wagi, kluczowe jest zapewnienie zrównoważonego spożycia makroskładników, takich jak węglowodany, białka i tłuszcze. Węglowodany są ważnym źródłem energii, ale istotne jest skoncentrowanie się na węglowodanach złożonych, takich jak pełnoziarniste produkty zbożowe, rośliny strączkowe i warzywa, a nie na przetworzonych węglowodanach, takich jak biały chleb i słodkie przekąski.

Białko to kolejny istotny makroskładnik odgrywający kluczową rolę w utracie wagi. W przekonaniu wielu ludzi możliwe jest całkowite zaspokojenie zapotrzebowania na białko na diecie wegańskiej. Źródła białka roślinnego obejmują rośliny strączkowe, tofu, tempeh, seitan, quinoa, a także różne orzechy i nasiona. Poprzez wprowadzenie różnorodności tych bogatych w białko produktów do swoich posiłków, można zapewnić, że spełniasz zapotrzebowanie na białko, jednocześnie wspierając utratę wagi.

Zdrowe tłuszcze, takie jak te zawarte w awokado, orzechach, nasionach i oliwie z oliwek, również są istotną częścią zrównoważonej diety wegańskiej. Tłuszcze te dostarczają uczucie sytości i pomagają wchłaniać witaminy rozpuszczalne w tłuszczach. Jednak ważne jest, aby spożywać je w umiarkowanych ilościach, ponieważ są one gęste kalorycznie.

Strategie dla Skutecznej Utraty Wagi

Aby osiągnąć utratę wagi na diecie wegańskiej, istotne jest przyjęcie zdrowych nawyków żywieniowych i regularnej aktywności fizycznej. Oto kilka strategii, które pomogą ci odnieść sukces:

1. Skup się na całych, nieprzetworzonych produktach spożywczych: Wypełnij swoją dietę różnorodnymi owocami, warzywami, pełnoziarnistymi produktami zbożowymi, roślinami strączkowymi, orzechami i nasionami. Te produkty są bogate w składniki odżywcze i błonnik, co może wspomóc utratę wagi.

2. Kontroluj wielkość porcji: Chociaż produkty roślinne są ogólnie ubogie w kalorie, ważne jest praktykowanie kontroli wielkości porcji. Bądź świadomy rozmiarów porcji i słuchaj sygnałów głodu i sytości swojego organizmu.

3. Planowanie posiłków: Planuj posiłki z wyprzedzeniem, aby mieć pod ręką zdrowe opcje. To może pomóc w unikaniu impulsywnych wyborów żywieniowych i ułatwić utrzymanie celów związanych z utratą wagi.

4. Regularna aktywność fizyczna: Wprowadź regularną aktywność fizyczną do swojej codziennej rutyny, aby wspierać utratę wagi i ogólne zdrowie. Angażuj się w aktywności, które sprawiają ci przyjemność, takie jak spacery, jogging, jazda na rowerze czy joga.

5. Pij odpowiednią ilość wody: Spożywanie odpowiedniej ilości wody może pomóc w kontrolowaniu głodu i zapobiegać przejadaniu się. Postaraj się wypijać co najmniej osiem szklanek wody dziennie.

6. Szukaj wsparcia: Dołączenie do grupy wsparcia wegańskiego lub znalezienie partnera do utraty wagi może dostarczyć wsparcia i motywacji w trakcie trwania Twojej podróży. Dzielenie się doświadczeniami i wskazówkami z osobami o podobnych poglądach może sprawić, że cały proces będzie bardziej przyjemny.

Pamiętaj, utrata wagi to stopniowy proces, i ważne jest, abyś był cierpliwy wobec siebie. Skoncentruj się na wprowadzaniu trwałych zmian w stylu życia, zamiast sięgać po diety o szybkim efekcie. Poprzez przyjęcie diety wegańskiej i wdrożenie zdrowych nawyków, możesz osiągnąć cele związane z utratą wagi, jednocześnie poprawiając ogólne samopoczucie.

3.3 Zarządzanie Chorobami Przewlekłymi za pomocą Diety Wegańskiej

Dieta wegańska wykazuje liczne korzyści zdrowotne, w tym potencjał do zarządzania i nawet zapobiegania chorobom przewlekłym. Poprzez eliminację produktów pochodzenia zwierzęcego i skupienie się na pełnowartościowych produktach roślinnych, jednostki mogą poprawić ogólne zdrowie i zmniejszyć ryzyko wystąpienia różnych schorzeń. W tej sekcji zajmiemy się tym, w jaki sposób dieta wegańska może pomóc w zarządzaniu chorobami przewlekłymi i poprawić ogólne samopoczucie.

Choroba Serca

Choroba serca jest jedną z głównych przyczyn śmierci na świecie, a przyjęcie diety wegańskiej może znacząco zmniejszyć ryzyko jej wystąpienia. Dieta oparta na roślinach jest naturalnie uboga w nasycone tłuszcze i cholesterol, które są powszechnie obecne w produktach zwierzęcych. Poprzez eliminację tych szkodliwych substancji, jednostki mogą obniżyć ciśnienie krwi, zmniejszyć poziomy cholesterolu i poprawić zdrowie serca. Dodatkowo, produkty roślinne są bogate w błonnik, przeciwutleniacze i inne korzystne substancje, które wspierają zdrowie serca.

Cukrzyca Typu 2

Cukrzyca typu 2 to przewlekłe schorzenie charakteryzujące się wysokim poziomem cukru we krwi. Badania wykazują, że dieta wegańska może być skutecznym narzędziem w zarządzaniu i nawet odwracaniu tego schorzenia. Produkty roślinne są ogólnie ubogie w indeks glikemiczny, co oznacza, że powodują one wolniejszy i bardziej stopniowy wzrost poziomu cukru we krwi. Poprzez skoncentrowanie się na pełnych ziarnach, roślinach strączkowych, owocach i warzywach, jednostki mogą lepiej kontrolować poziomy cukru we krwi i poprawić wrażliwość na insulinę. Dodatkowo, dieta wegańska może prowadzić do utraty wagi, co jest korzystne dla osób z cukrzycą typu 2.

Wysokie Ciśnienie Krwi

Wysokie ciśnienie krwi, czyli nadciśnienie, to powszechne schorzenie, które może zwiększyć ryzyko chorób serca i udaru. Dieta wegańska, zwłaszcza taka, która jest uboga w sód, może pomóc obniżyć poziomy ciśnienia krwi. Produkty roślinne są naturalnie ubogie w sod i bogate w potas, co pomaga regulować ciśnienie krwi. Poprzez włączenie więcej owoców, warzyw, pełnych ziaren i roślin strączkowych do diety, jednostki mogą skutecznie zarządzać ciśnieniem krwi i zmniejszyć ryzyko powikłań.

Rak

Chociaż dieta sama w sobie nie może zagwarantować zapobiegania lub leczenia raka, badania sugerują, że dieta wegańska może odgrywać rolę w zmniejszeniu ryzyka wystąpienia niektórych rodzajów nowotworów. Produkty roślinne są bogate w przeciwutleniacze, witaminy, minerały i fitochemikalia, które wykazują właściwości przeciwnowotworowe. Dodatkowo, dieta wegańska jest zazwyczaj uboga w przetworzone i czerwone mięso, które zostało powiązane z zwiększonym ryzykiem raka jelita grubego i innych rodzajów nowotworów. Poprzez skupienie się na różnorodnych kolorowych owocach, warzywach, pełnych ziarnach i roślinach strączkowych, jednostki mogą wspierać ogólne zdrowie i potencjalnie zmniejszyć ryzyko wystąpienia raka.

Reumatoidalne Zapalenie Stawów

Reumatoidalne zapalenie stawów to choroba autoimmunologiczna powodująca przewlekłe zapalenie i ból stawów. Chociaż sama dieta nie jest w stanie wyleczyć tego schorzenia, niektóre badania sugerują, że dieta wegańska może pomóc w redukcji stanu zapalnego i łagodzeniu objawów. Produkty roślinne są naturalnie przeciwzapalne i bogate w przeciwutleniacze, co może pomóc w redukcji stanu zapalnego organizmu. Dodatkowo, eliminacja produktów zwierzęcych może zmniejszyć produkcję pewnych związków zapalnych. Ważne jednak jest podkreślenie, że reakcje organizmu na zmiany w diecie mogą się różnić, i zawsze zaleca się konsultację z profesjonalistą służby zdrowia w celu uzyskania spersonalizowanych porad.

Inne Choroby Przewlekłe

Oprócz wymienionych powyżej schorzeń, dieta wegańska może również wpływać korzystnie na inne choroby przewlekłe, takie jak otyłość, osteoporoza i niektóre zaburzenia układu pokarmowego. Poprzez skupienie się na pełnowartościowych produktach roślinnych, jednostki mogą poprawić ogólny spożycie składników odżywczych, wspomagać utrzymanie zdrowej wagi i wspierać optymalne trawienie. Ważne jest jednak podkreślenie, że każda osoba jest wyjątkowa, a wpływ diety wegańskiej na choroby przewlekłe może się różnić. Zawsze zaleca się współpracę z profesjonalistą służby zdrowia w celu opracowania spersonalizowanego planu żywieniowego dostosowanego do indywidualnych potrzeb i celów.

Podsumowując, dieta wegańska ma potencjał do zarządzania i nawet zapobiegania chorobom przewlekłym. Poprzez przyjęcie stylu życia opartego na roślinach i koncentrację na pełnowartościowych produktach spożywczych, jednostki mogą poprawić zdrowie serca, zarządzać cukrzycą, obniżać ciśnienie krwi, zmniejszać ryzyko raka, łagodzić objawy reumatoidalnego zapalenia stawów oraz wspierać ogólne samopoczucie. Jednak ważne jest, aby podchodzić do zmiany diety pod kierunkiem specjalistów służby zdrowia i monitorować indywidualne reakcje w celu zapewnienia optymalnych wyników zdrowotnych.

3.4 Weganizm a Wydolność Sportowa

Wydolność sportowa to temat wielkiego zainteresowania wielu osób, w tym sportowców, entuzjastów fitnessu i tych, którzy rozważają przyjęcie wegańskiego stylu życia. Często pojawia się obawa, że dieta wegańska może nie dostarczać niezbędnych składników odżywczych i energii potrzebnych do osiągnięcia optymalnej wydolności sportowej. Jednakże, przy odpowiednim planowaniu i uwzględnieniu potrzeb żywieniowych, dieta wegańska może faktycznie wspierać wydolność sportową i nawet oferować pewne korzyści.

Zaspokajanie Potrzeb Żywieniowych dla Wydolności Sportowej

Dobrze zaplanowana dieta wegańska może dostarczyć wszystkich niezbędnych składników odżywczych wspierających wydolność sportową. Ważne jest zapewnienie odpowiedniego spożycia makroskładników, takich jak węglowodany, białka i tłuszcze, a także mikroskładników, takich jak witaminy i minerały.

Węglowodany stanowią główne źródło energii dla sportowców, a dieta wegańska może łatwo dostarczyć wystarczające ilości tego istotnego składnika. Produkty pełnoziarniste, rośliny strączkowe, owoce i warzywa to doskonałe źródła węglowodanów, które można włączyć do różnorodnych posiłków i przekąsek.

Białko to kolejny istotny składnik odżywczy dla sportowców, ponieważ odgrywa kluczową rolę w naprawie i wzroście mięśni. Wbrew powszechnej opinii, możliwe jest dostarczenie wystarczającej ilości białka na diecie wegańskiej. Roślinne źródła białka obejmują rośliny strączkowe (takie jak fasola, soczewica i ciecierzyca), tofu, tempeh, sejtan, quinoa, a także różne orzechy i nasiona. Kombinowanie różnych roślinnych źródeł białka w ciągu dnia może zapewnić pełen profil aminokwasów.

Tłuszcze również są ważne dla sportowców, ponieważ dostarczają energii i wspierają produkcję hormonów. Włączenie zdrowych tłuszczów pochodzących z takich źródeł jak awokado, orzechy, nasiona i oleje roślinne może pomóc w spełnieniu potrzeb organizmu w zakresie tłuszczów.

Mikroskładniki, takie jak żelazo, wapń, witamina D i witaminy z grupy B, są niezbędne dla optymalnej wydolności sportowej. Chociaż niektóre z tych składników mogą wymagać specjalnej uwagi w diecie wegańskiej, można je uzyskać poprzez dobrze zaplanowaną i zróżnicowaną roślinną dietę. Na przykład żelazo można znaleźć w produktach takich jak rośliny strączkowe, liściaste warzywa i wzbogacone płatki śniadaniowe, podczas gdy wapń można uzyskać z roślinnych zamienników mleka, tofu i wzbogaconych produktów spożywczych. Witamina D może być syntezowana przez organizm pod wpływem działania promieni słonecznych, a witaminy z grupy B są obecne w pełnoziarnistych produktach zbożowych, roślinach strączkowych i wzbogaconych produktach spożywczych.

Korzyści Związane z Dietą Wegańską dla Wydolności Sportowej

Przyjęcie diety wegańskiej może przynieść kilka korzyści dla wydolności sportowej. Jedną z kluczowych zalet jest wysoka zawartość błonnika w produktach roślinnych. Błonnik wspomaga trawienie, sprzyja uczuciu sytości i pomaga regulować poziom cukru we krwi, co może przyczynić się do poprawy poziomów energii i ogólnej wydolności.

Dodatkowo, dieta wegańska jest typowo bogata w antyoksydanty, które mogą pomóc w redukcji stanów zapalnych i stresu oksydacyjnego wywołanego intensywną aktywnością fizyczną. To może prowadzić do szybszego czasu regeneracji i zmniejszenia bolesności mięśni.

Co więcej, diety oparte na roślinach są często ubogie w nasycone tłuszcze i cholesterol, co może korzystnie wpływać na zdrowie serca. Zdrowy układ sercowo-naczyniowy jest istotny dla optymalnej wydolności sportowej, ponieważ zapewnia skuteczne dostarczanie tlenu i składników odżywczych do mięśni.

Wegańscy Sportowcy i Historie Sukcesu

Istnieje wiele przykładów udanych sportowców wegańskich, którzy osiągnęli niezwykłe sukcesy w swoich dyscyplinach. Ci sportowcy pokazali, że dieta wegańska może wspierać wysoką wydolność i nawet przyczyniać się do ich sukcesów.

Jednym z godnych uwagi przykładów jest profesjonalna tenisistka Venus Williams, która przyjęła dietę wegańską w celu zarządzania swoją chorobą autoimmunologiczną i poprawy swojej wydolności sportowej. Williams odnotowała znaczące poprawy swojego zdrowia i nadal rywalizuje na wysokim poziomie.

Innym inspirującym sportowcem wegańskim jest długodystansowy biegacz Scott Jurek, który posiada wiele rekordów w biegach na długie dystanse. Jurek przypisuje swoją dietę opartą na roślinach swojej wytrzymałości i regeneracji, co pozwala mu przekraczać własne granice i osiągać nadzwyczajne sukcesy sportowe.

Te historie sukcesu podkreślają potencjał diety wegańskiej do wspierania wydolności sportowej i obalają mit, że produkty zwierzęce są konieczne dla osiągnięcia optymalnych wyników fizycznych.

Rozważenia dla Sportowców Wegańskich

Chociaż dieta wegańska może dostarczać wszystkich niezbędnych składników odżywczych dla wydolności sportowej, ważne jest, aby sportowcy wegańscy zwracali uwagę na pewne kwestie.

Po pierwsze, zagwarantowanie wystarczającego spożycia kalorii jest kluczowe dla zaspokojenia zapotrzebowania energetycznego wynikającego z aktywności fizycznej. Sportowcy wegańscy mogą potrzebować spożywania większych porcji lub bardziej kalorycznych potraw, aby zaspokoić ich zapotrzebowanie energetyczne.

Po drugie, ważne jest monitorowanie poziomu składników odżywczych, zwłaszcza witaminy B12, którą głównie można znaleźć w produktach pochodzenia zwierzęcego. Sportowcy wegańscy mogą rozważyć suplementację lub spożywanie wzbogaconych produktów spożywczych w celu zapewnienia wystarczającego spożycia tego niezbędnego składnika.

Wreszcie, czas i skład posiłków także mogą odgrywać rolę w optymalizacji wydolności sportowej. Spożywanie zrównoważonego posiłku lub przekąski zawierającej węglowodany i białko przed i po treningu może pomóc w regeneracji mięśni i uzupełnieniu zapasów glikogenu.

Weganizm a wydolność sportowa nie wykluczają się nawzajem. Dzięki odpowiedniemu planowaniu i uwzględnieniu potrzeb żywieniowych, dieta wegańska może dostarczyć wszystkich niezbędnych składników odżywczych, wspierając tym samym optymalną wydolność sportową. Sportowcy wegańscy osiągnęli niezwykłe sukcesy, pokazując, że roślinna dieta może napędzać sukces w różnych dyscyplinach sportowych. Przyjęcie dobrze zaplanowanej diety wegańskiej pozwala nie tylko osiągnąć doskonałość w wybranej dyscyplinie, ale także przyczynia się do ogólnego zdrowia i dobrej kondycji organizmu.

3.5 Porady dla Zdrowego Stylu Życia Wegańskiego

Przejście na styl życia wegański może być ekscytującą i satysfakcjonującą podróżą. Jednak ważne jest, aby upewnić się, że spełniasz swoje potrzeby odżywcze i utrzymujesz zdrowy tryb życia. W tej sekcji przedstawimy Ci kilka cennych wskazówek, które pomogą Ci odnieść sukces na diecie wegańskiej.

Planuj Posiłki

Jednym z kluczy do udanego stylu życia wegańskiego jest planowanie posiłków z wyprzedzeniem. Pomoże Ci to zagwarantować różnorodność składników odżywczych i uniknąć ewentualnych niedoborów. Poświęć trochę czasu każdego tygodnia na zaplanowanie posiłków i stworzenie listy zakupów. Włącz do diety mieszankę pełnych ziaren, strączków, owoców, warzyw, orzechów i nasion, aby zapewnić zrównoważoną dietę.

Skup się na Żywności Naturalnej

Mimo że dostępne są liczne przetworzone opcje wegańskie, ważne jest, aby priorytetem była naturalna żywność w Twojej diecie. Produkty naturalne są minimalnie przetworzone i zachowują swoje naturalne składniki odżywcze. Włączaj do swoich posiłków dużo owoców, warzyw, pełnych ziaren, strączków i orzechów. Te produkty są bogate w witaminy, minerały i błonnik, co jest istotne dla zdrowego stylu życia wegańskiego.

Zadbaj o Wystarczającą Ilość Białka

Białko to istotny składnik odżywczy odgrywający kluczową rolę w budowaniu i naprawie tkanek, a także wspierający zdrowy układ odpornościowy. Wbrew powszechnemu przekonaniu, możliwe jest w pełni zaspokojenie zapotrzebowania na białko na diecie wegańskiej. Włączaj do swoich posiłków roślinne źródła białka, takie jak strączki (fasola, soczewica, ciecierzyca), tofu, tempeh, sejtan i edamame. Dodatkowo orzechy, nasiona i pełne ziarna również przyczyniają się do dostarczenia białka.

Zadbaj o Wystarczający Poziom Witaminy B12

Witamina B12 to składnik odżywczy, który głównie występuje w produktach pochodzenia zwierzęcego. Jako weganin, ważne jest, aby zadbać o to, aby dostarczać wystarczającą ilość witaminy B12 poprzez wzbogacone produkty spożywcze lub suplementy. Witamina B12 jest niezbędna do produkcji czerwonych krwinek i prawidłowego funkcjonowania układu nerwowego. Sprawdzaj etykiety żywności pod kątem wzbogaconego roślinnego mleka, płatków śniadaniowych i drożdży odżywczych, lub rozważ przyjmowanie suplementu witaminy B12.

Włącz Kwasy Tłuszczowe Omega-3

Kwasy tłuszczowe omega-3 są ważne dla zdrowia mózgu i redukcji stanów zapalnych w organizmie. Chociaż ryby są powszechnym źródłem omega-3, istnieją dostępne roślinne alternatywy. Włącz do swojej diety produkty bogate w kwas alfa-linolenowy (ALA), takie jak siemię lniane, nasiona chia, nasiona konopi i orzechy włoskie. Rozważ także wprowadzenie suplementu omega-3 na bazie alg roślinnych, aby zapewnić odpowiednie spożycie.

Pij Wystarczającą Ilość Wody

Woda jest niezbędna dla ogólnego zdrowia i samopoczucia. Upewnij się, że pijesz odpowiednią ilość wody przez cały dzień, aby utrzymać odpowiednie nawodnienie. Możesz także włączać herbaty ziołowe, wodę z dodatkami smakowymi i świeże soki owocowe, aby urozmaicić swoją rutynę nawadniania. Unikaj napojów słodzonych i postaw na wodę jako swój podstawowy napój.

Mindful Eating

Mindful Eating, czyli świadome jedzenie polega na skupieniu uwagi na teraźniejszym momencie i pełnej świadomości doświadczenia jedzenia. Poświęć czas, aby delektować się posiłkami i wsłuchiwać się w sygnały głodu i sytości organizmu. To może pomóc w zapobieganiu przejadaniu się i promowaniu zdrowego podejścia do jedzenia.

Bądź Aktywna_y

Regularna aktywność fizyczna jest istotna dla ogólnego zdrowia i samopoczucia. Znajdź aktywności, które sprawiają Ci przyjemność, takie jak spacer, jogging, jazda na rowerze czy joga, i włącz je do swojej codziennej rutyny. Celuj w co najmniej 150 minut umiarkowanej intensywności aktywności aerobowej lub 75 minut aktywności o wysokiej intensywności każdego tygodnia, wraz z aktywnościami wzmacniającymi mięśnie przez dwa dni lub więcej.

Poszukaj Wsparcia i Społeczności

Budowanie systemu wsparcia i nawiązywanie kontaktów z osobami o podobnych przekonaniach może być niezwykle korzystne podczas twojej wegańskiej podróży. Dołączaj do lokalnych grup wegańskich, uczestnicz w wydarzeniach wegańskich i nawiązuj kontakt z innymi za pośrednictwem społeczności online. Otoczenie się pomocnymi osobami może dostarczyć motywacji, umożliwić dzielenie się doświadczeniami i zaoferować cenne porady.

Edukuj się

Pogłębianie swojej wiedzy na temat weganizmu, żywienia i wpływu swoich wyborów może pomóc utrzymać motywację i być dobrze poinformowanym. Czytaj książki, oglądaj dokumenty i śledź wiarygodne źródła informacji na temat żywienia wegańskiego, aby pogłębić swoje zrozumienie korzyści płynących ze zdrowego stylu życia wegańskiego.

Pamiętaj, że przejście na styl życia wegański to osobista podróż, i ważne jest, aby być cierpliwym wobec siebie. Postępuj krok po kroku i nie zbyt surowo oceniaj siebie za ewentualne błędy. Z czasem i poświęceniem możesz odnieść sukces na zdrowej diecie wegańskiej i pozytywnie wpłynąć na swoje zdrowie, środowisko i dobrostan zwierząt.

4. Etyczne i Środowiskowe Aspekty Weganizmu

4.1 Dobrostan Zwierząt a Weganizm

Dobrostan zwierząt to istotny element weganizmu i jednym z głównych powodów, dla których wiele osób decyduje się przyjąć wegański styl życia. W tej sekcji zostaną omówione kwestie etyczne związane z dobrem zwierząt i wpływ weganizmu na zwierzęta.

Dylemat Etyczny

Weganizm wynika z przekonania, że zwierzęta zasługują na traktowanie z współczuciem i szacunkiem. Rozpoznaje on, że zwierzęta są istotami odczuwającymi ból, przyjemność oraz całą gamę emocji. Dylemat etyczny wynika z wrodzonej eksploatacji i cierpienia, któremu zwierzęta są poddawane w różnych branżach, zwłaszcza w hodowli zwierząt.

Hodowla Zwierząt i Okrucieństwo

Hodowla zwierząt to system obejmujący masową produkcję i ubój zwierząt dla ludzkiego spożycia. Warunki, w jakich są one hodowane, oraz metody stosowane podczas uboju, często wiążą się z istotnym okrucieństwem i cierpieniem. Zwłaszcza hodowla przemysłowa znana jest z intensywnego trzymania, przeludnienia i nieludzkich praktyk.

Wpływ Weganizmu na Dobrostan Zwierząt

Przyjmując wegański styl życia, jednostki aktywnie decydują się powstrzymać od korzystania z produktów pochodzenia zwierzęcego i wspierania branż wykorzystujących zwierzęta. To świadome wybory pomagają zmniejszyć popyt na produkty pochodzenia zwierzęcego, tym samym zmniejszając liczbę zwierząt hodowanych i zabijanych dla ludzkiego spożycia. Weganizm promuje ideę, że zwierzęta mają prawo do życia wolnego od szkód i wykorzystywania.

Alternatywy dla Produktów pochodzenia Zwierzęcego

Weganizm zachęca do korzystania z alternatyw dla produktów pochodzenia zwierzęcego w różnych aspektach życia. Obejmuje to wybieranie żywności roślinnej, ubrań z materiałów syntetycznych lub pochodzenia roślinnego oraz produktów do pielęgnacji ciała i środków czystości, które nie są testowane na zwierzętach. Wybierając te alternatywy, jednostki mogą przyczynić się do zmniejszenia cierpienia zwierząt i promować bardziej współczujący styl życia.

Prawa Zwierząt i Aktywizm

Aktywizm na rzecz praw zwierząt odgrywa istotną rolę w podnoszeniu świadomości na temat etycznych konsekwencji eksploatacji zwierząt. Aktywiści pracują nad promowaniem dobrostanu zwierząt, walcząc o prawa zwierząt i zachęcając innych do przyjęcia wegańskiego stylu życia. Poprzez edukację, działania informacyjne i pokojowe protesty dążą do stworzenia bardziej współczującego społeczeństwa, które szanuje prawa wszystkich istot żywych.

Związek Między Weganizmem a Dobrostanem Zwierząt

Weganizm stanowi bezpośrednią odpowiedź na etyczne obawy związane z dobrem zwierząt. Poprzez powstrzymanie się od korzystania z produktów pochodzenia zwierzęcego jednostki zbiegają swoje działania z wartościami współczucia i szacunku dla wszystkich istot żywych. Weganizm dostarcza praktycznego sposobu na zmniejszenie cierpienia zwierząt i przyczynienie się do bardziej etycznego i współczującego świata.

Znaczenie Indywidualnych Wyborów

Każdy jednostka ma moc wpływania poprzez swoje wybory. Wybierając wegański styl życia, jednostki aktywnie przyczyniają się do dobra zwierząt i promują bardziej współczujące społeczeństwo. Każdy posiłek, każdy zakup i każda decyzja o unikaniu produktów pochodzenia zwierzęcego to krok w kierunku stworzenia świata, który ceni i chroni prawa zwierząt.

Efekt Kuli Śnieżnej Weganizmu

Wpływ weganizmu wykracza poza jednostkę. Przyjmując wegański styl życia, jednostki inspirują innych do zastanowienia się nad własnymi wyborami i rozważenia etycznych konsekwencji swoich działań. Ten efekt kuli śnieżnej może prowadzić do szerszego społecznego przesunięcia w kierunku bardziej współczujących i zrównoważonych praktyk.

Podsumowując, dobrostan zwierząt to fundamentalny aspekt weganizmu. Przyjmując wegański styl życia, jednostki aktywnie przyczyniają się do zmniejszenia cierpienia zwierząt i promują bardziej współczujący świat. Weganizm dostarcza praktycznego i etycznego rozwiązania dla dylematów etycznych związanych z eksploatacją zwierząt w różnych branżach.

4.2 Wpływ Hodowli Zwierząt na Środowisko

Hodowla zwierząt ma znaczący wpływ na środowisko, przyczyniając się do różnych problemów środowiskowych, takich jak wylesianie, emisje gazów cieplarnianych, zanieczyszczenie wód i utrata bioróżnorodności. Zrozumienie konsekwencji środowiskowych związanych z hodowlą zwierząt jest kluczowe dla podjęcia świadomych decyzji dotyczących naszych nawyków żywieniowych i ich wpływu na planetę.

Wylesianie

Jednym z głównych wpływów środowiskowych hodowli zwierząt jest wylesianie. Duże obszary lasów są wycinane, aby zrobić miejsce na pastwiska dla zwierząt i uprawę roślin na paszę. To wylesianie niszczy nie tylko cenne siedliska dla licznych gatunków, ale także przyczynia się do zmian klimatycznych. Drzewa odgrywają kluczową rolę w absorpcji dwutlenku węgla, gazu cieplarnianego odpowiedzialnego za globalne ocieplenie. Poprzez wycinanie lasów nie tylko tracimy ten naturalny zbiornik dwutlenku węgla, ale także uwalniamy zgromadzony w nim węgiel do atmosfery, pogłębiając zmiany klimatyczne.

Emisje Gazów Cieplarnianych

Hodowla zwierząt jest istotnym źródłem emisji gazów cieplarnianych, zwłaszcza metanu i podtlenku azotu. Metan uwalnia się podczas procesu trawienia zwierząt przeżuwających, takich jak krowy i owce, podczas gdy podtlenek azotu powstaje z odchodów zwierząt i stosowania sztucznych nawozów w uprawie roślin na paszę. Te gazy cieplarniane mają znacznie większy potencjał cieplarniany niż dwutlenek węgla, co czyni je głównymi sprawcami zmian klimatycznych.

Według Organizacji Narodów Zjednoczonych ds. Wyżywienia i Rolnictwa (FAO), hodowla zwierząt jest odpowiedzialna za około 14,5% światowych emisji gazów cieplarnianych, co jest więcej niż cały sektor transportu łącznie. Przechodząc na dietę wegańską, jednostki mogą znacznie zmniejszyć swój ślad węglowy i przyczynić się do łagodzenia zmian klimatycznych.

Zanieczyszczenie Wód

Hodowla zwierząt przyczynia się również do zanieczyszczenia wód poprzez odprowadzanie odchodów zwierzęcych do zbiorników wodnych. Nadmierne ilości obornika produkowane przez fermy hodowlane mogą zanieczyścić rzeki, jeziora i wody gruntowe, prowadząc do zanieczyszczenia wód i niszczenia ekosystemów wodnych. Spływ z hodowli zwierząt może także przyczynić się do szkodliwego zakwitu glonów, co może mieć druzgocące skutki dla życia morskiego.

Utrata Bioróżnorodności

Rozwój hodowli zwierząt często prowadzi do zniszczenia naturalnych siedlisk, skutkując utratą bioróżnorodności. Lasy, mokradła i obszary trawiaste są wycinane, aby zrobić miejsce na hodowlę zwierząt i uprawę roślin na paszę. To zniszczenie siedlisk zagraża licznych gatunkom, w tym zagrożonym zwierzętom i roślinom. Dodatkowo, stosowanie pestycydów i nawozów sztucznych w produkcji paszy dalsze przyczynia się do utraty bioróżnorodności, szkodząc pożytecznym owadom, ptakom i innym dzikim zwierzętom.

Zrównoważone Rozwiązania

Aby złagodzić wpływ hodowli zwierząt na środowisko, przejście na dietę wegańską jest jednym z najbardziej skutecznych rozwiązań. Eliminując produkty pochodzenia zwierzęcego z naszej diety, możemy zmniejszyć zapotrzebowanie na hodowlę zwierząt i związane z nią konsekwencje środowiskowe. Diety oparte na roślinach wymagają znacznie mniej zasobów, takich jak ziemia, woda i energia, w porównaniu do diet opartych na produktach zwierzęcych.

Oprócz przyjęcia diety wegańskiej, istnieją inne zrównoważone wybory żywności, jakie jednostki mogą podejmować. Wspieranie lokalnych i ekologicznych rolników, ograniczanie marnotrawstwa żywności i wybieranie roślinnych alternatyw dla produktów zwierzęcych mogą przyczynić się do bardziej zrównoważonego systemu żywnościowego. Świadome decyzje dotyczące konsumpcji żywności mogą pomóc w ochronie środowiska i zachowaniu planety dla przyszłych pokoleń.

Warto zaznaczyć, że chociaż indywidualne działania są istotne, konieczne są również zmiany systemowe, aby zająć się wpływem hodowli zwierząt na środowisko. Rządy, decydenci polityczni i branże powinny priorytetyzować zrównoważone i regeneracyjne praktyki rolnicze, inwestować w badania i rozwój roślinnych alternatyw oraz promować polityki wspierające przejście do bardziej zrównoważonego systemu żywnościowego.

Poprzez zrozumienie wpływu hodowli zwierząt na środowisko i podejmowanie świadomych decyzji dotyczących nawyków żywieniowych, możemy przyczynić się do bardziej zrównoważonej i przyjaznej dla środowiska przyszłości.

4.3 Weganizm a Zmiany Klimatyczne

Zmiany klimatyczne to palący problem na skalę globalną, wpływający na każdy aspekt naszego życia, w tym na żywność, którą spożywamy. Produkcja i konsumpcja produktów pochodzenia zwierzęcego, takich jak mięso, nabiał i jaja, znacząco przyczyniają się do emisji gazów cieplarnianych i innych problemów środowiskowych. W tej sekcji przeanalizujemy związek między weganizmem a zmianami klimatycznymi, podkreślając pozytywny wpływ, jaki przyjęcie diety wegańskiej może mieć na środowisko.

Wpływ Środowiskowy Hodowli Zwierząt

Hodowla zwierząt to główny czynnik przyczyniający się do zmian klimatycznych. Organizacja Narodów Zjednoczonych ds. Wyżywienia i Rolnictwa (FAO) szacuje, że produkcja zwierzęca odpowiada za około 14,5% światowych emisji gazów cieplarnianych, co stanowi więcej niż emisje z całego sektora transportu. Obejmuje to emisje związane z wylesianiem w celu produkcji paszy dla zwierząt, emisje metanu z trawienia zwierząt i odchodów, a także energetycznie intensywne procesy związane z produkcją mięsa i nabiału.

Ponadto hodowla zwierząt jest znaczącym czynnikiem napędzającym wylesianie, ponieważ ogromne obszary ziemi są wycinane, aby zrobić miejsce na wypas zwierząt lub uprawę roślin na paszę. Wylesianie nie tylko przyczynia się do zmian klimatycznych, ale także prowadzi do utraty bioróżnorodności i niszczenia naturalnych siedlisk.

Innym zmartwieniem ze środowiskowego punktu widzenia jest odchody zwierząt z ferm hodowlanych. Duże ilości obornika produkowane przez zwierzęta hodowlane mogą zanieczyścić źródła wody, prowadząc do zanieczyszczenia wód i degradacji ekosystemów. Dodatkowo nadmierne stosowanie antybiotyków w hodowli zwierząt przyczynia się do wzrostu bakterii opornych na antybiotyki, zagrażając zdrowiu ludzkiemu.

Weganizm jako Rozwiązanie

Przyjęcie diety wegańskiej to jedno z najskuteczniejszych działań, jakie jednostki mogą podjąć, aby zmniejszyć swój ślad węglowy i przeciwdziałać zmianom klimatycznym. Eliminując lub ograniczając spożycie produktów pochodzenia zwierzęcego, możemy znacząco zredukować emisje gazów cieplarnianych, chronić zasoby wodne i łagodzić skutki wylesiania.

Diety oparte na roślinach okazały się mieć znacznie mniejszy ślad węglowy w porównaniu do diet zawierających produkty pochodzenia zwierzęcego. Badanie opublikowane w czasopiśmie "Science" wykazało, że przejście na diety oparte na roślinach może zredukować emisje gazów cieplarnianych związanych z żywnością nawet o 70%. Inne badanie opublikowane w czasopiśmie "Nature" doszło do wniosku, że globalna zmiana na diety oparte na roślinach jest konieczna do osiągnięcia celów Porozumienia Paryskiego i ograniczenia globalnego ocieplenia poniżej 2 stopni Celsjusza.

Korzyści Diety Wegańskiej dla Środowiska

Istnieje kilka sposobów, w jakie dieta wegańska pozytywnie wpływa na środowisko:

Redukcja Emisji Gazów Cieplarnianych

Produkcja zwierzęca to znaczące źródło metanu, potężnego gazu cieplarnianego przyczyniającego się do globalnego ocieplenia. Metan ma znacznie większy potencjał cieplarniany niż dwutlenek węgla, co sprawia, że jest on głównym czynnikiem zmian klimatycznych. Wybierając alternatywy oparte na roślinach, możemy znacznie ograniczyć emisje metanu i przyczynić się do łagodzenia globalnego ocieplenia.

Oszczędzanie Zasobów Wodnych

Hodowla zwierząt to przemysł intensywnie zużywający wodę. Procesy hodowli zwierząt na mięso i produkcji nabiału, a także uprawa roślin na paszę, wymagają znacznej ilości wody. Wybierając żywność opartą na roślinach, możemy oszczędzać zasoby wodne i zmniejszać obciążenie ekosystemów słodkowodnych.

Ochrona Naturalnych Siedlisk

Rozszerzanie hodowli zwierząt często prowadzi do wylesiania, gdy lasy są wycinane, aby zrobić miejsce na wypas zwierząt lub uprawę roślin na paszę. To niszczenie naturalnych siedlisk przyczynia się do utraty bioróżnorodności i zagraża przetrwaniu wielu gatunków. Wybierając dietę wegańską, możemy pomóc w zachowaniu lasów i ochronie siedlisk licznych gatunków roślin i zwierząt.

Minimalizowanie Zanieczyszczeń

Nadmierne stosowanie antybiotyków w hodowli zwierząt przyczynia się do rozwoju bakterii opornych na antybiotyki, zagrażając zdrowiu ludzkiemu. Dodatkowo, spływ odchodów zwierzęcych z ferm hodowlanych może zanieczyszczać źródła wody, prowadząc do zanieczyszczenia wód i degradacji ekosystemów. Redukując spożycie produktów pochodzenia zwierzęcego, możemy zminimalizować zanieczyszczenia środowiskowe związane z hodowlą zwierząt.

Podjęcie Działań

Jako jednostki mamy moc wpływania pozytywnie na środowisko poprzez nasze wybory żywieniowe. Przyjęcie diety wegańskiej pozwala nam przyczynić się do walki ze zmianami klimatycznymi i wspierać bardziej zrównoważoną przyszłość. Oto kilka kroków, które możesz podjąć, aby zredukować swój ślad środowiskowy:

Żywność Oparta na Roślinach

Zacznij od wprowadzania do swojej diety więcej produktów roślinnych. Eksploruj różnorodne owoce, warzywa, pełnoziarniste produkty zbożowe, rośliny strączkowe, orzechy i nasiona. Próbuj różnych przepisów i smaków, aby odkryć nowe i smaczne dania oparte na roślinach.

Ograniczenie Spożycia Produktów Zwierzęcych

Stopniowo ograniczaj spożycie produktów pochodzenia zwierzęcego, takich jak mięso, nabiał i jaja. Rozważ udział w inicjatywach takich jak "Mięsne Poniedziałki" lub "Weganuary", gdzie zobowiązujesz się spożywać dania oparte na roślinach przez określony okres. To może pomóc w stopniowym przejściu na dietę wegańską.

Wsparcie dla Rolnictwa Zrównoważonego

Wybieraj żywność opartą na roślinach, która jest organiczna i pochodzi z lokalnych źródeł, kiedy tylko to możliwe. Poprzez wspieranie praktyk rolnictwa zrównoważonego możesz przyczynić się do ochrony zdrowia gleby, bioróżnorodności i równowagi ekosystemów.

Rozpowszechnienie Świadomości

Dziel się swoją wiedzą i doświadczeniami z innymi. Edukuj swoich przyjaciół, rodzinę i społeczność na temat korzyści środowiskowych wynikających z diety wegańskiej. Zachęcaj ich do podejmowania świadomych wyborów, które wspierają bardziej zrównoważony i współczujący świat.

Przyjmując dietę wegańską, możesz dokonać istotnego wkładu w łagodzenie zmian klimatycznych i ochronę środowiska. Twoje decyzje mają moc tworzenia pozytywnego efektu falującego, inspirując innych do podejmowania bardziej zrównoważonych wyborów. Razem możemy dążyć do zdrowszej planety dla przyszłych pokoleń.

4.4 Zrównoważone Wybory Żywnościowe

Zrównoważone wybory żywnościowe są istotnym aspektem diety wegańskiej. Wybierając zrównoważone produkty spożywcze, możesz wywierać pozytywny wpływ na środowisko i przyczynić się do bardziej zrównoważonej przyszłości. W tej sekcji będziemy eksplorować znaczenie zrównoważonych wyborów żywnościowych i udzielać praktycznych wskazówek, jak je włączyć do swojego wegańskiego stylu życia.

Środowiskowy Wpływ Wyborów Żywnościowych

Decyzje dotyczące żywności mają znaczący wpływ na środowisko. Hodowla zwierząt, w szczególności, jest głównym źródłem emisji gazów cieplarnianych, wylesiania i zanieczyszczenia wód. Wybierając zrównoważone opcje żywnościowe, takie jak produkty oparte na roślinach, możesz pomóc zmniejszyć te skutki środowiskowe.

Żywność Lokalna i Sezonowa

Wybieranie lokalnych i sezonowych produktów spożywczych to kolejny sposób na uczynienie diety wegańskiej bardziej zrównoważoną. Kiedy kupujesz lokalne produkty, wspierasz lokalnych rolników i zmniejszasz emisję dwutlenku węgla związaną z transportem na długie odległości. Dodatkowo spożywanie sezonowych produktów zapewnia, że jesz świeże, bogate w składniki odżywcze produkty o najwyższym smaku.

Odwiedź lokalny targ rolny lub dołącz do programu rolnictwa wspieranego przez społeczność (CSA), aby uzyskać dostęp do różnorodnych lokalnych i sezonowych owoców, warzyw i innych produktów opartych na roślinach. Nie tylko wspierasz lokalne przedsiębiorstwa, ale także masz okazję nawiązać kontakt z osobami o podobnych poglądach w swojej społeczności.

Minimalizowanie Marnowania Żywności

Marnowanie żywności to istotny problem na całym świecie, przyczyniający się do emisji gazów cieplarnianych i marnowania cennych zasobów. Jako weganin możesz odegrać rolę w redukcji marnowania żywności, biorąc pod uwagę swoje spożycie i podejmując kroki w celu zminimalizowania strat.

Planowanie posiłków to skuteczna strategia minimalizowania marnowania żywności. Planując posiłki z wyprzedzeniem, możesz zagwarantować, że kupujesz tylko te składniki, których potrzebujesz, i wykorzystujesz je efektywnie. Dodatkowo rozważ ponowne wykorzystanie resztek i kompostowanie resztek jedzenia, aby dalej ograniczyć straty.

Organiczne i Zrównoważone Praktyki Rolnicze

Wybieranie produktów spożywczych pochodzących z organicznych i zrównoważonych upraw to kolejny sposób na wspieranie zrównoważonych wyborów żywnościowych. Praktyki rolnicze oparte na zasadach organicznych priorytetowo traktują zdrowie gleby, różnorodność biologiczną oraz korzystają z naturalnych nawozów i metod kontroli szkodników. Wybierając produkty ekologiczne, możesz zminimalizować narażenie na szkodliwe pestycydy i wspierać praktyki rolnicze korzystne dla środowiska.

Szukaj certyfikatów ekologicznych podczas zakupu owoców, warzyw, zbóż i innych produktów opartych na roślinach. Dodatkowo rozważ wsparcie lokalnych organicznych gospodarstw rolnych i ogrodów społecznościowych, aby dalej promować zrównoważone rolnictwo.

Ograniczanie Odpadów Opakowaniowych

Odpady opakowaniowe stanowią istotny problem środowiskowy, przyczyniając się do zanieczyszczenia i gromadzenia się odpadów na składowiskach. Jako świadomy konsument, możesz podejmować zrównoważone wybory żywieniowe, wybierając produkty o minimalnym opakowaniu lub wykonane z materiałów nadających się do recyklingu lub biodegradacji.

Podczas zakupów spożywczych zabieraj ze sobą wielokrotnego użytku torby i pojemniki, aby zminimalizować użycie jednorazowych toreb i opakowań plastikowych. Dodatkowo rozważ zakup produktów na wagę, aby zredukować ilość odpadów opakowaniowych i wspierać przedsiębiorstwa oferujące zrównoważowane alternatywy opakowań.

Wsparcie Zrównoważonych Marek Spożywczych

Wsparcie zrównoważonych marek spożywczych to kolejny sposób na pozytywny wpływ na środowisko. Wiele firm oferuje obecnie roślinne alternatywy dla tradycyjnych produktów pochodzenia zwierzęcego, takie jak mięsa roślinne, sery i zamienniki mleka. Wybierając te produkty, możesz wspierać firmy, które priorytetowo traktują zrównoważoność i dobrostan zwierząt.

Zbadaj i poznaj różne zrównoważone marki spożywcze dostępne w Twojej okolicy lub online. Szukaj certyfikatów i oznaczeń wskazujących na zaangażowanie w praktyki zrównoważone, takich jak ekologiczne, fair trade i cruelty-free.

Uprawianie Własnej Żywności

Jednym z najbardziej zrównoważonych wyborów żywieniowych, jakie możesz podjąć, jest uprawianie własnej żywności. Bez względu na to, czy masz ogród, balkon, czy nawet tylko parapet, możesz hodować zioła, warzywa i owoce we własnym domu. Nie tylko ogranicza to potrzebę korzystania z kupowanej żywności, ale również pozwala na nawiązanie kontaktu z naturą i rozwinięcie głębszej aprecjacji dla jedzenia.

Rozpocznij od małych kroków, uprawiając zioła lub łatwe do uprawy warzywa, takie jak sałata, pomidory czy papryka. W miarę zyskiwania pewności siebie i doświadczenia możesz rozbudować swoją uprawę i eksperymentować z różnymi roślinami.

Podejmowanie zrównoważonych wyborów żywieniowych to integralna część wegańskiego stylu życia. Wybierając roślinne proteiny, lokalne i sezonowe produkty spożywcze, wspierając zrównoważone marki spożywcze, minimalizując marnowanie żywności, wybierając ekologiczne i zrównoważone praktyki rolnicze, ograniczając odpady opakowaniowe, a nawet uprawiając swoją własną żywność, możesz pozytywnie wpłynąć na środowisko i zainspirować innych do podobnych działań. Pamiętaj, że każdy mały krok w stronę zrównoważoności ma znaczenie, i razem możemy tworzyć bardziej współczujący i zrównoważony świat.

5. Przejście na Wegański Styl Życia

5.1 Kroki do Przejścia na Wegański Styl Życia

Przejście na wegański styl życia może być fascynującą i satysfakcjonującą podróżą. To decyzja, która nie tylko korzystnie wpływa na zdrowie, lecz także ma pozytywny wpływ na środowisko i dobrostan zwierząt. Jeśli rozważasz przejście na veganizm, ważne jest, aby podchodzić do tego procesu stopniowo i zrównoważenie. W tej sekcji omówimy kroki, jakie możesz podjąć, aby przejść na styl życia wegański i uczynić ten proces jak najbardziej płynnym.

Edukacja

Zanim rozpoczniesz swoją wegańską podróż, istotne jest, abyś dokładnie zaznajomił się z zasadami i wartościami weganizmu. Dowiedz się, dlaczego ludzie wybierają styl życia wegański, takie jak kwestie etyczne, zrównoważonego rozwoju i korzyści zdrowotne. Zapoznaj się z pojęciem weganizmu i zrozum, co oznacza życie w zgodzie z zasadami wolnymi od okrucieństwa.

Wyznaczenie Celów

Określenie klarownych celów może pomóc utrzymać motywację i skupić się na przejściu na wegański styl życia. Zdecyduj, dlaczego chcesz zostać weganinem i co chcesz osiągnąć dzięki tej zmianie. Czy to z powodów zdrowotnych, etycznych czy zrównoważonego rozwoju, posiadanie jasnego celu ułatwi utrzymanie zaangażowania w podjętą decyzję.

Stopniowe Przejście

Przejście na wegański styl życia nie musi nastąpić z dnia na dzień. Dla wielu osób podejście stopniowe jest bardziej zrównoważone i umożliwia łagodniejsze dostosowanie się do nowych nawyków żywieniowych. Zacznij od stopniowej eliminacji jednego produktu pochodzenia zwierzęcego z diety. Na przykład, możesz zacząć od wyeliminowania mięsa, a następnie stopniowo eliminować nabiał, jajka i inne składniki pochodzenia zwierzęcego. Takie stopniowe podejście daje twoim kubkom smakowym i organizmowi czas na dostosowanie się do nowych zmian dietetycznych.

Odkrywanie Wegańskich Alternatyw

Jednym z kluczy do udanego przejścia jest odkrywanie i wprowadzanie smacznych wegańskich alternatyw do diety. Eksploruj szeroką gamę roślinnych produktów, takich jak owoce, warzywa, pełnoziarniste produkty zbożowe, strączki, orzechy i nasiona. Eksperymentuj z różnymi przepisami i technikami gotowania, aby znaleźć nowe i ekscytujące sposoby przygotowywania posiłków. Dodatkowo, sprawdź rozwijający się rynek substytutów mięsa, nabiału i innych produktów pochodzenia zwierzęcego, co może ułatwić proces przejścia.

Planowanie Posiłków

Planowanie posiłków to istotny element utrzymania zdrowej i zrównoważonej diety wegańskiej. Zadedykuj czas na wcześniejsze planowanie posiłków, upewniając się, że są one zbilansowane żywieniowo i satysfakcjonujące. Włącz do swoich posiłków różnorodne owoce, warzywa, pełnoziarniste produkty zbożowe, rośliny strączkowe i białka pochodzenia roślinnego. To pomoże zapewnić, że otrzymujesz wszystkie niezbędne składniki odżywcze, których potrzebuje twoje ciało.

Wsparcie

Posiadanie systemu wsparcia może zrobić znaczną różnicę podczas twojego przejścia na wegański styl życia. Nawiąż kontakt z osobami o podobnych przekonaniach i celach. Dołącz do społeczności wegańskiej, zarówno online, jak i offline, gdzie znajdziesz wsparcie, będziesz mógł dzielić się doświadczeniami i zdobywać cenne wskazówki. Otaczanie się ludźmi, którzy rozumieją i wspierają twoją decyzję, ułatwi ci przejście i uczyni je bardziej przyjemnym.

Pozytywność i Wytrwałość

Przejście na wegański styl życia może wiązać się z wyzwaniami i trudnościami. Ważne jest, aby pozostawać pozytywnym i wytrwałym, nawet jeśli napotkasz trudności. Pamiętaj, dlaczego zdecydowałeś się być weganem i skoncentruj się na pozytywnym wpływie, jaki wywierasz na swoje zdrowie, środowisko i dobrostan zwierząt. Ciesz się postępem i bądź dumny z kroków, jakie podejmujesz w kierunku bardziej współczesnego i zrównoważonego stylu życia.

Ciągły Rozwój

Bycie weganinem to nie tylko jednorazowa decyzja; to trwająca przez całe życie podróż ciągłego uczenia się i rozwoju. Pozostań otwarty na nowe informacje i kontynuuj edukację na temat weganizmu, żywienia i wpływu swoich wyborów. Eksploruj nowe przepisy, składniki i etyczne alternatywy. W miarę jak pogłębiasz swoją wiedzę i doświadczenie, znajdziesz nowe sposoby na kwitnienie jako weganin i na wywieranie pozytywnego wpływu na świat wokół siebie.

Pamiętaj, że przejście na wegański styl życia to osobista podróż, a doświadczenia każdego będą unikalne. Bądź cierpliwy wobec siebie i zaakceptuj ten proces. Z czasem odnajdziesz swój własny rytm i odkryjesz radość i spełnienie płynące z życia jako weganin, prowadzącego współczesne i zrównoważone życie.

5.2 Przezwyciężanie Wyzwań i Przeszkód

Przejście na wegański styl życia może wiązać się z pewnymi wyzwaniami i przeszkodami. Ważne jest, aby być przygotowanym na te wyzwania i mieć strategie, które pomogą im sprostać. W tej sekcji omówimy kilka powszechnych wyzwań, z którymi mogą się spotkać nowi weganie, oraz udzielimy wskazówek, jak je pokonać.

Radzenie Sobie z Presją Społeczną

Jednym z największych wyzwań, z jakimi często borykają się weganie, jest presja społeczna. Przyjaciele, rodzina i koledzy z pracy mogą nie zrozumieć ani nie poprzeć twojej decyzji o przejściu na wegański styl życia. Mogą kwestionować twoje wybory, żartować lub nawet próbować kusić cię potrawami zawierającymi produkty pochodzenia zwierzęcego.

Aby pokonać to wyzwanie, ważne jest, aby zachować pewność siebie w swojej decyzji i zdobyć wiedzę na temat powodów, dla których dokonujesz tego wyboru. Uzbrój się w informacje na temat korzyści zdrowotnych, etycznych i środowiskowych płynących z diety wegańskiej. To pomoże ci nie tylko odpowiadać na pytania i krytykę, ale także wzmocnić twoje własne zaangażowanie w weganizm.

Dodatkowo poszukaj osób o podobnych przekonaniach, które mogą cię wesprzeć i zrozumieć. Dołącz do społeczności wegańskich online lub w swojej okolicy, uczestnicz w wydarzeniach wegańskich i nawiąż kontakt z innymi weganami, którzy mogą zaoferować porady i wsparcie.

Znajdowanie Wegańskich Alternatyw

Kolejnym wyzwaniem dla nowych wegan jest znalezienie odpowiednich alternatyw dla ich ulubionych potraw zawierających produkty pochodzenia zwierzęcego. Nawigowanie w świecie zamienników wegańskich może być przytłaczające, zwłaszcza jeśli chodzi o znalezienie alternatyw dla sera, jajek i mięsa.

Na szczęście obecnie dostępne są liczne alternatywy wegańskie w większości sklepów spożywczych. Dla miłośników sera istnieje wiele roślinnych serów wykonanych z orzechów, soi lub tapioki, które można roztopić i używać w przepisach. Eksperymentuj z różnymi markami i rodzajami, aby znaleźć ten, który odpowiada twoim upodobaniom smakowym.

Jajka można zastąpić w przepisach na wypieki składnikami takimi jak mus jabłkowy, rozgniecione banany lub mielone siemię lniane wymieszane z wodą. Dostępne są również wegańskie substytuty jajek w sklepach, które można używać do przygotowywania jajecznicy lub omletów.

Jeśli chodzi o alternatywy mięsa, dostępne są różnorodne opcje, takie jak tofu, tempeh, sejtan oraz roślinne zamienniki mięsa wykonane z soi, grochu, czy grzybów. Te alternatywy mogą być używane w różnych przepisach do odtworzenia smaków i tekstur potraw mięsnych.

Może być konieczne trochę prób i błędów, aby znaleźć wegańskie alternatywy, które najbardziej ci odpowiadają, więc bądź otwarty na eksperymentowanie z różnymi markami i przepisami. Nie zniechęcaj się, jeśli nie znajdziesz idealnego zamiennika od razu – z czasem odkryjesz nowe ulubione smaki.

Radzenie Sobie z Pragnieniami i Pokusami

Pragnienia potraw zawierających produkty pochodzenia zwierzęcego mogą stanowić wyzwanie, zwłaszcza we wczesnych etapach przejścia na wegański styl życia. Naturalne jest odczuwanie tęsknoty za pewnymi smakami i teksturami, do których byłeś przyzwyczajony przed przejściem na weganizm.

Aby pokonać pragnienia, ważne jest skupienie się na obfitości pysznych potraw wegańskich, które są dostępne. Eksploruj nowe przepisy, spróbuj różnych kuchni i eksperymentuj z różnymi roślinnymi składnikami. To pomoże ci odkryć nowe smaki i poszerzyć swoje podniebienie.

Jeśli odczuwasz pragnienie konkretnej potrawy zawierającej produkty pochodzenia zwierzęcego, spróbuj znaleźć wegańską alternatywę lub odtwórz smaki, używając roślinnych składników. Na przykład, jeśli masz ochotę na hamburgera, spróbuj zrobić domowego burgera wegańskiego z fasoli, soczewicy lub grzybów. Jeśli masz ochotę na lody, wybierz alternatywę bez nabiału wykonaną na bazie mleka kokosowego lub migdałowego.

Przydatne jest również posiadanie dobrze zaopatrzonej spiżarni i lodówki w różnorodne wegańskie przekąski i składniki. W ten sposób, gdy nadejdą pragnienia, będziesz miał zdrowe i satysfakcjonujące opcje pod ręką.

Jedzenie Poza Domem jako Weganin

Spożywanie posiłków poza domem może być wyzwaniem dla wegan, zwłaszcza w restauracjach, które mogą nie mieć wielu opcji wegańskich na swoim menu. Jednak w miarę rosnącej popularności weganizmu coraz więcej restauracji oferuje dania przyjazne weganom.

Przy jedzeniu poza domem ważne jest, aby wcześniej się przygotować i trochę poszukać. Sprawdź menu restauracji online przed pójściem, aby zobaczyć, czy mają jakieś opcje wegańskie. Jeśli nie ma wegańskich opcji, nie bój się zadzwonić wcześniej i zapytać, czy mogą dostosować potrawy do Twoich potrzeb żywieniowych. Wiele restauracji jest gotowych dostosować dania, aby były przyjazne weganom.

Jeśli znajdziesz się w restauracji z ograniczonymi opcjami wegańskimi, szukaj potraw, które można łatwo dostosować. Na przykład, możesz poprosić o sałatkę bez sera lub grzanki albo zamówić danie z makaronem bez mięsa lub sosu na bazie nabiału. Możesz również spróbować restauracji etnicznych, które często oferują dania przyjazne weganom, takie jak kuchnie indyjska, tajska czy bliskowschodnia.

Wreszcie, nie bój się wypowiadać i bronić swoich interesów. Upewnij się, że kelner jest świadomy Twoich ograniczeń żywieniowych i poproś o ich rekomendacje lub sugestie. Większość restauracji jest gotowa dostosować się do potrzeb żywieniowych i chętnie pomoże Ci znaleźć odpowiednią opcję wegańską.

Pozostawanie Zaangażowanym i Motywowanym

Utrzymywanie motywacji i zaangażowania w wegański styl życia może być trudne, zwłaszcza w obliczu przeszkód czy niepowodzeń. Ważne jest, aby przypominać sobie, dlaczego zdecydowałeś się stać weganinem i jaki pozytywny wpływ to ma na Twoje zdrowie, środowisko i dobrostan zwierząt.

Aby pozostać zaangażowanym, otaczaj się pozytywnymi wpływami i przypomnieniami swoich celów. Śledź influencerów wegańskich w mediach społecznościowych, czytaj książki i artykuły na temat weganizmu, i oglądaj dokumenty, które podkreślają korzyści płynące z roślinnego stylu życia. To pomoże wzmocnić Twoje zaangażowanie i dostarczyć ci stałej motywacji.

Dodatkowo, ustaw realistyczne cele i świętuj swoje osiągnięcia po drodze. Czy to ukończenie miesiąca życia jako weganin, wypróbowanie nowego przepisu wegańskiego czy zainspirowanie kogoś innego do przyjęcia roślinnego stylu życia – doceniaj i świętuj swoje postępy.

Pamiętaj, że przejście na wegański styl życia to podróż, i normalne jest napotykanie trudności po drodze. Bądź cierpliwy wobec siebie, szukaj wsparcia, gdy jest to potrzebne, i skoncentruj się na pozytywnym wpływie, jaki sprawiasz swoimi wyborami.

5.3 Znajdowanie Alternatyw Wegańskich

Przechodząc na weganizm, jednym z najczęstszych zmartwień jest znalezienie odpowiednich alternatyw dla produktów pochodzenia zwierzęcego. Na szczęście na rynku dostępne są liczne wegańskie zamienniki, które pozwalają zastąpić tradycyjne produkty pochodzenia zwierzęcego, nie rezygnując z walorów smakowych czy odżywczych. W tej sekcji omówimy kilka popularnych alternatyw wegańskich dla powszechnie stosowanych produktów pochodzenia zwierzęcego.

Alternatywy dla Produktów Mlecznych

Produkty mleczne, takie jak mleko, ser i jogurt, są powszechnie spożywane w wielu dietach. Jednak jako weganin możesz znaleźć szeroką gamę alternatyw roślinnych, które są równie smaczne i pożywne. Oto kilka popularnych alternatyw dla produktów mlecznych:

Mleko Roślinne: Zamiast krowiego mleka, możesz wybrać mleko roślinne, takie jak mleko migdałowe, mleko sojowe, mleko owsiane czy mleko kokosowe. Te alternatywy często są wzbogacane w niezbędne witaminy i minerały, co czyni je zdrowym wyborem.

Ser Wegański: Dostępne są różne opcje sera wegańskiego, wykonane z składników takich jak orzechy, soja czy skrobia tapiokowa. Na polskim rynku znajdują się takie marki jak Bez deka mleka czy Violife. Sery te można używać w kanapkach, pizzach czy jako dodatki do różnych potraw.

Jogurt Bez Mleka: Jeśli lubisz jogurt, możesz spróbować alternatyw bezmlecznych, takich jak jogurt kokosowy, jogurt migdałowy czy jogurt sojowy. Te jogurty często są smakowe i występują w różnych smakach owocowych, stanowiąc smaczny i zdrowy przekąs.

Alternatywy dla Mięsa

Dla tych, którzy przyzwyczajeni są do spożywania mięsa, znalezienie odpowiednich alternatyw może być kluczowe podczas przejścia na weganizm. Na szczęście istnieje wiele roślinnych substytutów mięsa, które mogą zaspokoić twoje pragnienie mięsa. Oto kilka popularnych opcji:

Tofu: Tofu to wszechstronny i powszechnie stosowany substytut mięsa wykonany z soi. Ma łagodny smak i może być gotowany na różne sposoby, takie jak smażenie na patelni, grillowanie czy pieczenie. Tofu dobrze wchłania smaki, co czyni go doskonałym wyborem do marynowania i przyprawiania.

Tempeh: Tempeh to kolejny produkt oparty na soi, który często jest używany jako substytut mięsa. Ma orzechowy smak i zwartą teksturę, co sprawia, że nadaje się do grillowania, smażenia czy kruszenia do potraw takich jak chili czy tacos.

Seitan: Seitan, znany także jako mięso pszczelne lub gluten pszenny, jest wykonany z glutenu, białka znajdującego się w pszenicy. Ma żującą konsystencję i może być przyprawiany oraz gotowany, aby przypominać różne dania mięsne. Seitan jest często używany w potrawach stir-fry, gulaszach i kanapkach.

Roślinne Burgery: Roślinne burgery zdobyły ogromną popularność w ostatnich latach, a marki takie jak Beyond Meat czy Dobra Kaloria są ich liderami. Te burgery są wykonane z kombinacji białek roślinnych i mają na celu naśladowanie smaku i tekstury tradycyjnych burgerów wołowych.

Alternatywy dla Jajek

Jaja są powszechnym składnikiem wielu przepisów, ale istnieje kilka wegańskich substytutów, które mogą być używane jako ich zamienniki. Oto kilka popularnych substytutów jaj:

Siemię lniane lub nasiona chia: Siemię lniane i nasiona chia mogą być używane jako zamienniki jajek w przepisach na ciasta i ciasteczka. Aby zastąpić jedno jajko, wymieszaj jedną łyżkę zmielonych siemieni lnianych lub nasion chia z trzema łyżkami wody i pozostaw na kilka minut, aż uzyska konsystencję żelową.

Mus jabłkowy: Niesłodzony mus jabłkowy może być używany jako substytut jajek w przepisach na ciasta, muffiny i naleśniki. Zastąp jedno jajko ¼ szklanki musu jabłkowego.

Miękkie Tofu: Miękkie tofu można zmiksować i używać jako substytut jajek w przepisach, które wymagają środka wiążącego. Użyj ¼ szklanki zmiksowanego miękkiego tofu, aby zastąpić jedno jajko.

Alternatywy dla Miodu

Miód to powszechnie używany słodzik w wielu przepisach, ale jako weganin możesz wybrać się go unikać ze względów etycznych. Na szczęście istnieje kilka wegańskich alternatyw dla miodu, które mogą być używane jako słodziki. Oto kilka popularnych opcji:

Syrop Klonowy: Syrop klonowy to naturalny słodzik pozyskiwany z soku klonowego. Może być używany jako zamiennik miodu w przepisach i dodaje unikalny smak potrawom.

Nektar Agawy: Nektar agawy to słodzik pozyskiwany z rośliny agawy. Ma podobną konsystencję do miodu i może być używany jako zamiennik w przepisach.

Syrop Daktylowy: Syrop daktylowy jest produkowany z daktyli i może być używany jako naturalny słodzik w różnych przepisach. Ma bogaty, karmelowy smak, który dodaje głębi potrawom.

Odkrywając te wegańskie alternatywy, łatwo możesz zastąpić produkty pochodzenia zwierzęcego w diecie i cieszyć się różnorodnymi, pysznymi i pożywnymi roślinnymi opcjami. Eksperymentuj z różnymi markami i przepisami, aby znaleźć alternatywy, które odpowiadają twoim preferencjom smakowym i potrzebom dietetycznym. Pamiętaj, że przejście na wegański styl życia to podróż, a znalezienie odpowiednich substytutów to ważny krok ku przyjęciu tej etycznej i zrównoważonej formy życia.

5.4 Wsparcie i Zasoby Dla Wegan

Przejście na wegański styl życia może być ekscytującą i satysfakcjonującą podróżą. Jednak naturalne jest, że pojawią się pytania i obawy w trakcie tego procesu. Na szczęście istnieje wiele źródeł wsparcia i zasobów, które pomogą Ci radzić sobie z nowym stylem życia i zapewnią sukces jako weganin. Bez względu na to, czy potrzebujesz porad dotyczących żywienia, pomysłów na przepisy, czy po prostu społeczności podobnych do siebie, istnieje wiele opcji, które pomogą Ci w Twojej wegańskiej podróży.

Społeczności i Forum Online

Jednym z najlepszych sposobów na znalezienie wsparcia jako weganin jest dołączenie do społeczności online i forum poświęconych weganizmowi. Te platformy zapewniają przestrzeń do nawiązywania kontaktów, dzielenia się doświadczeniami i szukania porad. Możesz zadawać pytania, dzielić się swoimi spostrzeżeniami i uczyć się od innych, którzy już zaakceptowali wegański styl życia. Kilka popularnych społeczności online i forum to:

Grupy Wegańskie na Facebooku: Istnieje wiele grup na Facebooku poświęconych weganizmowi, obejmujących ogólne społeczności wegańskie oraz bardziej konkretne grupy skupiające się na tematach takich jak wegańskie rodzicielstwo, fitness czy gotowanie. Te grupy zapewniają środowisko wspierające, gdzie możesz komunikować się z innymi weganami i zdobywać cenne spostrzeżenia.

Fora Wegańskie: Istnieje kilka forów online poświęconych weganizmowi. Oferują one wiele informacji, w tym dyskusje na temat żywienia, przepisów i wskazówek dotyczących stylu życia wegańskiego.

Wegańskie Strony z Przepisami

Znalezienie pysznych i pożywnych wegańskich przepisów jest kluczowe dla utrzymania zróżnicowanej i satysfakcjonującej diety. Na szczęście istnieje wiele witryn i blogów ze wspaniałymi przepisami wegańskimi, które oferują różnorodne pomysły na dania oparte na roślinach. Te zasoby mogą pomóc Ci odkrywać nowe smaki, uczyć się technik gotowania i zapewnić ciągłą inspirację w kuchni. Kilka popularnych witryn i blogów ze wegańskimi przepisami obejmuje:

Jadłonomia: Marta Dymek to znana polska blogerka kulinarna, która dzieli się wegańskimi przepisami, wskazówkami kulinarymi i inspirującymi treściami dotyczącymi roślinnego stylu życia.

ErVegan: Jest to platforma online zrzeszająca społeczność wegan. Na tej stronie znajdziesz przepisy na smaczne dania roślinne, porady dotyczące zdrowego stylu życia, informacje o etyce zwierząt, a także inspirujące artykuły na temat szeroko pojętego weganizmu.

Weganon: Jest to witryna poświęcona wegańskiemu stylowi życia. Znajdziesz tu przepisy, artykuły o zdrowiu, urodzie i eko-życiu, a także ciekawe informacje dotyczące diety roślinnej.

Wegan Nerd: Alicja Rokicka, pasjonatka wegańskiego gotowania prezentuje kreatywne i smaczne przepisy, inspirowane różnymi kuchniami świata.

Roślinnie Jemy: Jest to witryna skupiająca się na zdrowym i roślinnym stylu życia. Znajdziesz tu przepisy na wegańskie potrawy, artykuły o zdrowiu oraz informacje dotyczące ekologii i etyki.

Przepisownia: Jest to platforma z ogromną bazą przepisów na różnorodne dania. Wśród nich znajdziesz wiele propozycji dla wegan i osób poszukujących roślinnych inspiracji kulinarnych.

Źródła Wiedzy o Żywieniu Wegańskim

Zapewnienie spełnienia swoich potrzeb żywieniowych na diecie wegańskiej ma kluczowe znaczenie dla utrzymania optymalnego zdrowia. Na szczęście istnieje wiele dostępnych źródeł wiedzy, które pomogą ci zrozumieć żywienie wegańskie i podejmować świadome decyzje żywieniowe. Niektóre cenne źródła wiedzy na temat żywienia wegańskiego obejmują:

InfoVege: To polska strona internetowa, która stanowi cenne źródło informacji na temat weganizmu. Portal ten oferuje zróżnicowane treści, obejmujące praktyczne porady dotyczące diety roślinnej, smaczne przepisy kulinarnie, artykuły na temat etyki zwierząt oraz informacje z zakresu zrównoważonego stylu życia. Strona angażuje społeczność wegańską, dostarczając aktualne treści, które inspirują do podejmowania świadomych i zdrowych wyborów.

Zostań wege na 30 dni: Jest to strona, która skupia się na osobach, które zaczynają swoją przygodę z weganizmem. Portal ten oferuje inspirujące treści obejmujące praktyczne porady dotyczące przejścia na dietę roślinną, zrównoważonego stylu życia oraz etycznych aspektów weganizmu. Stanowi wartościowe źródło wiedzy, motywacji i praktycznych wskazówek, aby ułatwić każdemu osiągnięcie pełni korzyści płynących z weganizmu.

Plant-Based Nutrition: Ta anglojęzyczna witryna prowadzona przez dr. Michaela Gregera dostarcza opartych na dowodach informacji na temat korzyści zdrowotnych płynących z diety opartej na roślinach. Oferuje zasoby dotyczące żywienia wegańskiego, w tym artykuły, filmy i bezpłatny dzienny biuletyn e-mailowy o nazwie NutritionFacts.org.

Organizacje Wspierające Weganizm

Istnieje wiele organizacji dedykowanych wspieraniu i promowaniu weganizmu. Te organizacje często udostępniają różnorodne zasoby, w tym materiały edukacyjne, narzędzia do działań na rzecz zwierząt oraz wsparcie społecznościowe. Kilka godnych uwagi organizacji wspierających weganizm to:

Otwarte Klatki: Organizacja zajmująca się problematyką praw zwierząt, w tym kampaniami na rzecz zwierząt hodowlanych. Wspierają także weganizm poprzez edukację i działania na rzecz zwierząt.

Fundacja VIVA!: Fundacja skupiająca się na ochronie zwierząt i promowaniu etycznych oraz ekologicznych stylów życia, w tym weganizmu.

PETA: People for the Ethical Treatment of Animals (PETA) to największa organizacja na świecie działająca na rzecz praw zwierząt. Oferuje różnorodne zasoby dla wegan, takie jak zestaw startowy dla wegan, przepisy oraz porady dotyczące przejścia na wegański styl życia.

Aplikacje

W dzisiejszym cyfrowym świecie istnieje kilka aplikacji mobilnych, które mogą wesprzeć twoją wegańską podróż. Te aplikacje pomogą ci znaleźć wegańskie restauracje, odkryć nowe przepisy, śledzić wartości odżywcze i nawiązywać kontakt z innymi weganami. Oto kilka popularnych aplikacji wegańskich dostępnych w Polsce:

VeGuide (by Veganuary): Aplikacja stworzona przez organizację Veganuary. Pomaga w rozpoczęciu wegańskiego stylu życia, oferując przepisy, wskazówki, listy zakupów i więcej.

VegMenu: Ta aplikacja pomaga znaleźć wegańskie i wegetariańskie dania w restauracjach w Polsce. Oferuje także przepisy i inspiracje kulinarne.

Zdrowe Gotowanie: Mimo że nie jest specjalizowana w weganizmie, ta aplikacja oferuje zdrowe przepisy, w tym wiele wegańskich opcji.

HappyCow: Choć bardziej popularna za granicą, HappyCow również działa w Polsce. Pomaga znaleźć wegańskie i wegetariańskie restauracje w okolicy, dostarczając recenzje, oceny i wskazówki dojazdu.

VeganEasy Challenge: Aplikacja stworzona przez organizację Viva! Pomaga w podejmowaniu wyzwań wegańskich poprzez dostarczanie przepisów, list zakupów i wsparcia.

Korzystając z tych aplikacji, możesz wzmocnić swoją wegańską podróż i zapewnić udane przejście na wegański styl życia. Pamiętaj, że społeczność wegańska jest ogromna i wspierająca, zawsze znajdziesz ludzi i zasoby gotowe do pomocy w tej drodze.

6. Życie jako weganin

6.1 Nawiązywanie relacji w sytuacjach społecznych

Życie jako weganin może czasem wiązać się z wyzwaniami, gdy przychodzi konieczność poruszania się w sytuacjach społecznych. Czy to podczas rodzinnych spotkań, wspólnego posiłku z przyjaciółmi czy udziału w wydarzeniach firmowych, być jedynym weganinem w pomieszczeniu może czasem wydawać się przytłaczające. Niemniej jednak, dzięki odrobinie przygotowania i pozytywnego podejścia, możesz z pewnością poradzić sobie w tych sytuacjach, ciesząc się towarzystwem i pozostając wiernym swojemu wegańskiemu stylowi życia.

Komunikowanie swoich wyborów żywieniowych

Jednym z pierwszych kroków przy nawiązywaniu relacji w sytuacjach społecznych jako weganin jest skuteczne komunikowanie swoich wyborów żywieniowych innym. Podczas gdy niektórzy mogą być zaznajomieni z weganizmem, inni mogą mieć błędne przekonania lub niezrozumienie co do tego, co on obejmuje. Ważne jest, aby podchodzić do tych rozmów z cierpliwością, zrozumieniem i chęcią edukacji innych.

Podczas rozmowy o swoim wegańskim stylu życia skup się na pozytywnych aspektach, takich jak korzyści zdrowotne, wpływ na środowisko i kwestie etyczne. Wyjaśnij, że dokonałeś świadomego wyboru dostosowania swoich wartości do swoich wyborów żywieniowych i zobowiązałeś się do życia współczesnym i zrównoważonym trybem życia. Przez przedstawienie rozmowy w pozytywnym świetle możesz pomóc innym zrozumieć i szanować twoją decyzję.

Planowanie na Przyszłość w Trakcie Spotkań Towarzyskich

Udział w spotkaniach towarzyskich może być czasami wyzwaniem dla weganina, zwłaszcza jeśli gospodarz nie jest świadomy Twoich preferencji żywieniowych. Aby zapewnić sobie dostęp do opcji wegańskich, rozważ wcześniejszy kontakt z gospodarzem i zaoferowanie się, aby przynieść wegańskie danie do podzielenia się z innymi. To nie tylko gwarantuje, że będziesz miał coś do jedzenia, ale także wprowadza innych w świat pysznej kuchni roślinnej.

Jeśli nie jesteś pewien, co do menu na spotkaniu towarzyskim, zawsze warto wcześniej zjeść mały posiłek lub przekąskę. W ten sposób nie będziesz głodny ani pozbawiony jedzenia, jeśli dostępne będą ograniczone opcje wegańskie. Dodatkowo możesz zabrać ze sobą wegańskie przekąski lub smakołyki, aby cieszyć się nimi przez całe wydarzenie.

Jedzenie poza Domem jako Weganin

Jedzenie w restauracjach może być przyjemnym doświadczeniem nawet dla weganina. Wiele restauracji oferuje teraz opcje wegańskie lub jest skłonna dostosować się do ograniczeń żywieniowych. Podczas jedzenia poza domem warto wcześniej sprawdzić i wybierać restauracje z menu przyjaznym dla wegan, lub znane z opcji roślinnych.

Podczas składania zamówienia w restauracji nie wahaj się zadawać pytań i składać specjalnych próśb. Większość szefów kuchni i kelnerów z przyjemnością dostosuje dania do preferencji żywieniowych i często potrafi wprowadzić modyfikacje, aby uczynić danie przyjaznym weganom. Bądź jasny co do tego, co możesz i czego nie możesz zjeść, i nie obawiaj się prosić o zamiany lub dostosowania, aby dostosować danie do swoich potrzeb.

Radzenie Sobie z Krytyką i Trudnymi Sytuacjami

W niektórych sytuacjach społecznych możesz napotkać krytykę lub trudne pytania dotyczące swojego wegańskiego stylu życia. Ważne jest, aby pamiętać, że każdy ma prawo do swoich opinii i nie każdy zrozumie lub zgodzi się z Twoimi wyborami. Zamiast angażować się w spory lub bronić się, spróbuj podchodzić do tych sytuacji z empatią i zrozumieniem.

Jeśli ktoś kwestionuje Twoje wybory żywieniowe lub podważa Twoje przekonania, skorzystaj z okazji, aby w spokojny i szanujący sposób edukować ich na temat weganizmu. Podziel się swoimi osobistymi doświadczeniami, powodami podjęcia decyzji i pozytywnym wpływem, jaki miała ona na Twoje życie. Pamiętaj, że zmiany wymagają czasu, i będąc pozytywnym przykładem, możesz zainspirować innych do rozważenia własnych wyborów.

Znalezienie Wsparcia i Budowanie Społeczności

Ułatwieniem w radzeniu sobie z sytuacjami społecznymi jako weganin jest znalezienie wsparcia i zbudowanie społeczności osób o podobnych przekonaniach. Poszukaj lokalnych grup wegańskich, uczestnicz w wydarzeniach czy spotkaniach wegańskich, oraz nawiąż kontakt z innymi weganami poprzez platformy mediów społecznościowych. Posiadanie wsparcia może dostarczyć Ci poczucie przynależności i sprawić, że będziesz bardziej pewny siebie w swoim wegańskim stylu życia.

Dodatkowo, rozważ podzielenie się swoją historią z przyjaciółmi i członkami rodziny, którzy są otwarci na naukę o weganizmie. Angażując ich w swoje doświadczenia i dzieląc się pysznymi wegańskimi posiłkami, możesz zbudować zrozumienie i stworzyć wspierającą sieć osób, które szanują i doceniają Twoje wybory.

Pamiętaj, że poruszanie się w sytuacjach społecznych jako weganin polega na znalezieniu równowagi między pozostaniem wiernym swoim wartościom a cieszeniem się towarzystwem innych. Dzięki skutecznej komunikacji, wcześniejszemu planowaniu i pozytywnemu podejściu, możesz śmiało radzić sobie w każdej sytuacji społecznej, jednocześnie zachowując swój wegański styl życia.

6.2 Jedzenie Poza Domem jako Weganin

Jedzenie poza domem jako weganin może czasem stanowić wyzwanie, zwłaszcza jeśli dopiero zaczynasz przygodę z tym stylem życia. Jednakże, z odrobiną przygotowania i wiedzy, możesz delektować się posiłkami w restauracjach, jednocześnie pozostając wiernym zasadom weganizmu. Ten fragment dostarczy Ci wskazówek i strategii na temat poruszania się po restauracjach oraz znajdowania opcji odpowiednich dla wegan.

Badania i Planowanie

Zanim wybierzesz się do restauracji, warto zrobić trochę badań i wcześniej zaplanować. Wiele restauracji obecnie oferuje opcje wegańskie lub jest gotowa dostosować dania do ograniczeń żywieniowych. Oto kilka kroków, które możesz podjąć:

Sprawdź menu online: Większość restauracji udostępnia swoje menu online. Sprawdź je wcześniej, aby zobaczyć, czy mają jakieś opcje wegańskie lub dania, które można łatwo dostosować, aby były odpowiednie dla wegan.

Zadzwoń wcześniej: Jeśli masz wątpliwości co do opcji wegańskich w konkretnej restauracji, zadzwoń do nich i zapytaj. Porozmawiaj z kierownikiem lub szefem kuchni i wyjaśnij swoje preferencje żywieniowe. Mogą zaproponować dania wegańskie lub dokonać modyfikacji istniejących dań.

Używaj aplikacji wegańskich: Dostępne są różne aplikacje na smartfony, które mogą pomóc Ci znaleźć restauracje przyjazne weganom w Twojej okolicy. Te aplikacje często zawierają recenzje, oceny i menu, co ułatwia znalezienie odpowiednich opcji.

Komunikacja z Obsługą

Po przybyciu do restauracji ważne jest, aby komunikować swoje potrzeby żywieniowe z personelem. Oto kilka wskazówek dotyczących efektywnej komunikacji z personelem restauracji:

Bądź uprzejmy i jasny: Rozmawiając z kelnerem, bądź uprzejmy i jasno wyjaśnij, że jesteś weganinem. Powiedz im, że nie spożywasz żadnych produktów pochodzenia zwierzęcego, w tym mięsa, nabiału, jajek i miodu.

Zadawaj pytania: Nie wahaj się zadawać pytań dotyczących składników i metod przygotowywania dań. Zapytaj, czy w sosach, dressingach czy dekoracjach używane są produkty pochodzenia zwierzęcego. Lepiej dmuchać na zimne.

Proś o modyfikacje: Jeśli znajdziesz danie na menu, które jest niemal wegańskie, ale zawiera składnik niewegański, zapytaj, czy może być zmodyfikowane. Wiele restauracji jest gotowych dostosować się do ograniczeń żywieniowych i wprowadzić substytucje lub pominąć określone składniki.

Kreatywność z Opcjami Menu

Czasem opcje wegańskie na menu mogą być ograniczone. Niemniej jednak, dzięki odrobinie kreatywności, wciąż możesz cieszyć się pysznym posiłkiem. Oto kilka pomysłów:

Stwórz swoje danie: Jeśli opcje wegańskie są ograniczone, poszukaj dań, które pozwalają ci stworzyć własny posiłek. Na przykład, możesz zamówić sałatkę i dodać wegańskie dodatki, takie jak awokado, orzechy, nasiona czy grillowane warzywa.

Proś o zamiany: Jeśli danie zawiera składniki niewegańskie, zapytaj, czy mogą zostać zamienione na wegańskie odpowiedniki. Na przykład, możesz poprosić o tofu lub tempeh zamiast mięsa, albo wegański ser zamiast sera mlecznego.

Eksploruj kuchnie etniczne: Kuchnie etniczne, takie jak indyjska, tajska czy środkowowschodnia, często oferują szeroką gamę opcji wegańskich. Odkrywaj restauracje specjalizujące się w tych kuchniach dla bardziej zróżnicowanych i aromatycznych dań wegańskich.

Ograniczone Opcje

W niektórych przypadkach możesz znaleźć się w restauracji z bardzo ograniczonymi opcjami wegańskimi. Oto kilka strategii radzenia sobie w takich sytuacjach:

Zamawiaj przystawki: Jeśli nie ma głównych dań przyjaznych weganom, poszukaj przystawek, które można połączyć, tworząc satysfakcjonujący posiłek. Na przykład, możesz zamówić porcję gotowanych warzyw, pieczonego ziemniaka i porcję ryżu.

Przynieś własne przyprawy: Jeśli martwisz się o dostępność wegańskich przypraw, rozważ przyniesienie swoich. Spakuj małe pojemniki z wegańskimi sosami, dressingami lub kremami, aby wzbogacić smak swojego posiłku.

Jedz przed lub po: Jeśli przewidujesz, że nie będzie odpowiednich opcji w danej restauracji, rozważ zjedzenie małego posiłku przed wyjściem lub po powrocie. W ten sposób możesz wciąż cieszyć się społecznym aspektem jedzenia poza domem, nie naruszając zasad weganizmu.

Pamiętaj, że ważne jest, aby być elastycznym i wyrozumiałym, jedząc poza domem jako weganin. Nie wszystkie restauracje mogą być dobrze zaznajomione z kuchnią wegańską, ale dzięki cierpliwości i komunikacji wciąż możesz znaleźć smaczne i satysfakcjonujące posiłki.

6.3 Planowanie Posiłków i Zakupy spożywcze

Planowanie posiłków i zakupy spożywcze to istotne elementy udanego życia jako weganin. Starannie planując posiłki i podejmując przemyślane decyzje podczas zakupów, możesz zapewnić sobie dobrze zbilansowaną i satysfakcjonującą dietę. W tej sekcji omówimy znaczenie planowania posiłków, udzielimy wskazówek dotyczących skutecznych zakupów spożywczych i przedstawimy praktyczne strategie planowania posiłków dla wegan.

Znaczenie Planowania Posiłków

Planowanie posiłków to kluczowy krok w utrzymaniu zdrowej i zrównoważonej diety wegańskiej. Pozwala ono mieć jasny pomysł na to, co będziesz spożywać przez cały tydzień, zapewniając, że masz wszystkie niezbędne składniki pod ręką. Przeznaczając czas na wcześniejsze planowanie posiłków, możesz zaoszczędzić czas, pieniądze i zredukować marnotrawienie jedzenia.

Jednym z głównych korzyści płynących z planowania posiłków jest to, że pomaga podejmować zdrowsze wybory żywieniowe. Gdy masz gotowy plan, jesteś mniej skłonny polegać na przetworzonych czy gotowych produktach. Zamiast tego możesz skupić się na wprowadzaniu różnorodnych, całkowitych roślinnych produktów do swojej diety, co zapewnia zaspokojenie potrzeb odżywczych.

Planowanie posiłków pozwala także być bardziej zorganizowanym i wydajnym w kuchni. Przygotowując składniki z wyprzedzeniem, możesz zoptymalizować proces gotowania i sprawić, że czas spędzony w kuchni będzie mniej stresujący. Dodatkowo posiadanie planu posiłków może pomóc w zniechęcaniu do zamawiania jedzenia na wynos czy jedzenia poza domem, ponieważ będziesz mieć jasny plan, co gotować w domu.

Wskazówki dotyczące Skutecznych Zakupów Spożywczych

Skuteczne zakupy spożywcze są kluczowe dla utrzymania dobrze zaopatrzonej spiżarni i zapewnienia, że masz wszystkie niezbędne składniki do posiłków. Oto kilka wskazówek, które pomogą ci poruszać się po sklepie spożywczym jako weganin:

1. Sporządź listę zakupów: Zanim wyjdziesz do sklepu, stwórz szczegółową listę zakupów opartą na swoim planie posiłków. Pomoże to utrzymać skupienie i uniknąć zakupów impulsywnych.

2. Czytaj etykiety: Przy zakupach gotowych produktów spożywczych dokładnie czytaj etykiety. Zwracaj uwagę na ukryte składniki pochodzenia zwierzęcego, takie jak nabiał, jajka czy miód. Zapoznaj się z powszechnie stosowanymi niewegańskimi dodatkami i konserwantami.

3. Zakupy na obrzeżach sklepu: Obrzeża sklepu spożywczego to zazwyczaj miejsce, gdzie znajdziesz świeże owoce, warzywa, pełnoziarniste produkty zbożowe i roślinne białka. Skup się na wypełnianiu koszyka tymi zdrowymi opcjami.

4. Eksploruj sekcję produktów sypkich: Wiele sklepów spożywczych posiada sekcję produktów sypkich, gdzie znajdziesz różnorodne ziarna, rośliny strączkowe, orzechy i nasiona. Zakupy w tej formie mogą być bardziej ekonomiczne i zmniejszają ilość opakowań.

5. Zaproś podstawowe składniki: Utrzymuj dobrze zaopatrzoną spiżarnię w podstawowych produktach wegańskich, takich jak fasola,

soczewica, ryż, quinoa, makaron, konserwy pomidorowe i różnorodne przyprawy. Te składniki stanowią fundament wielu dań wegańskich.

6. Próbuj nowych produktów: Nie bój się eksperymentować z nowymi owocami, warzywami, zbożami i roślinnymi białkami. Ciesz się różnorodnością i różnorodnością w swojej diecie, aby zapewnić sobie szeroki zakres składników odżywczych.

7. Wspieraj lokalnych rolników: Rozważ zakupy na targach rolnych lub dołączenie do programu wspierającego rolnictwo (CSA), aby wspierać lokalnych rolników i mieć dostęp do świeżych, sezonowych produktów.

Praktyczne Strategie Planowania Posiłków

Oto kilka praktycznych strategii planowania posiłków, które pomogą ci być zorganizowanym i zainspirowanym w kuchni:

1. Planuj posiłki z wyprzedzeniem: Zarezerwuj każdego tygodnia czas na zaplanowanie swoich posiłków. Weź pod uwagę swój harmonogram, preferencje żywieniowe i potrzeby odżywcze. Stawiaj na równowagę pomiędzy białkiem, węglowodanami i zdrowymi tłuszczami w każdym posiłku.

2. Gotuj w większych ilościach: Przygotuj większe porcje jedzenia i przechowuj resztki na przyszłe posiłki. To może zaoszczędzić czas i upewnić się, że zawsze masz dostęp do zdrowej opcji posiłku.

3. Przygotuj składniki z wyprzedzeniem: Umieść umyte, pokrojone owoce i warzywa w lodówce dla łatwiejszego dostępu. Gotuj w dużych ilościach kasze, fasolki i rośliny strączkowe, zamrażaj je w porcjach, aby szybko przygotować wygodne posiłki.

4. Stwórz tygodniowy plan posiłków: Przypisz konkretne posiłki do każdego dnia tygodnia. To pomoże ci być na bieżąco i uniknąć zmęczenia decyzją, gdy przychodzi czas na jedzenie.

5. Bądź kreatywny z resztkami: Wykorzystaj resztki jedzenia, aby stworzyć nowe dania i uniknąć marnowania jedzenia. Na przykład, użyj pieczonych warzyw w sałatce lub zmiksuj je na zupę.

6. Czerp radość z prostoty: Nie każdy posiłek musi być skomplikowany. Proste dania, takie jak ryż z warzywami z patelni, mogą być pożywne, pyszne i łatwe do przygotowania.

7. Poszukuj inspiracji: Przeglądaj wegańskie książki kucharskie, strony internetowe i platformy społecznościowe w poszukiwaniu pomysłów na przepisy i inspirację. Dołącz do online'owych społeczności wegańskich, aby nawiązać kontakt z innymi i dzielić się pomysłami na posiłki.

Wprowadzając te strategie planowania posiłków i zakupów spożywczych do swojej rutyny, możesz uczynić przejście do wegańskiego stylu życia bardziej płynnym i przyjemnym. Pamiętaj, aby być elastycznym i otwartym na próbowanie nowych potraw i przepisów. Z czasem i praktyką nabędziesz większą pewność siebie w planowaniu i przygotowywaniu pysznych dań wegańskich.

6.4 Weganizm a Życie Rodzinne

Życie jako weganin może być satysfakcjonującym i wzbogacającym doświadczeniem, nie tylko dla jednostek, ale także dla rodzin. Przyjęcie stylu życia wegańskiego przez całą rodzinę może przynieść liczne korzyści, w tym poprawę zdrowia, zmniejszenie wpływu na środowisko oraz wpajanie wartości współczucia i empatii dzieciom. W tej sekcji zajmiemy się różnymi aspektami weganizmu a życiem rodzinnym, włączając w to planowanie posiłków, wychowanie dzieci w duchu weganizmu oraz nawigowanie w sytuacjach społecznych.

Planowanie Posiłków dla Całej Rodziny

Przejście na styl życia wegański jako rodzina wymaga starannego planowania posiłków, aby zapewnić zaspokojenie wszystkich potrzeb żywieniowych. Istotne jest uwzględnienie różnorodności roślinnych produktów spożywczych, aby dostarczyć wszystkich niezbędnych składników odżywczych. Oto kilka wskazówek dotyczących udanego planowania posiłków:

1. Zaangażuj Całą Rodzinę: Włącz członków rodziny w proces planowania posiłków. Zachęcaj ich do dzielenia się ulubionymi wegańskimi przepisami, angażuj w zakupy spożywcze i gotowanie. To pomoże stworzyć poczucie zaangażowania i entuzjazmu wobec stylu życia wegańskiego.

2. Zachowaj Równowagę Wartości Żywnościowych: Upewnij się, że każdy posiłek zawiera równowagę makroskładników (węglowodanów, białka i tłuszczu) oraz mikroskładników (witamin i minerałów). Włącz różnorodne pełnoziarniste produkty, rośliny strączkowe, owoce, warzywa, orzechy i nasiona, aby zaspokoić potrzeby żywieniowe wszystkich.

3. Eksperymentuj z Nowymi Przepisami: Odkrywaj nowe wegańskie przepisy razem jako rodzina. Może to być zabawne i edukacyjne doświadczenie, pozwalające wszystkim odkrywać nowe smaki i kuchnie. Zachęcaj do kreatywności w kuchni i eksperymentuj z różnymi metodami gotowania, aby posiłki były interesujące i przyjemne.

4. Planuj Z Wyprzedzeniem: Planuj posiłki na cały tydzień z wyprzedzeniem, aby zaoszczędzić czas i upewnić się, że masz wszystkie

niezbędne składniki pod ręką. To pomoże uniknąć stresu związanego z ostatnią chwilą i podejmować zdrowsze wybory.

5. Szukaj Inspiracji: Przeglądaj wegańskie książki kucharskie, strony internetowe i konta w mediach społecznościowych, które oferują wegańskie przepisy przyjazne dla rodzin. Istnieje wiele dostępnych zasobów, które specjalnie są dedykowane rodzinom, oferując pomysły na pyszne i zdrowe posiłki.

Wychowywanie Dzieci jako Wegan

Wychowywanie dzieci jako weganin może być wspaniałą okazją do wpajania wartości współczucia, empatii oraz świadomości ekologicznej już od najmłodszych lat. Jednakże istotne jest zapewnienie, aby ich potrzeby żywieniowe były zaspokojone, wspierając tym samym ich wzrost i rozwój. Oto kilka kwestii, które warto wziąć pod uwagę w kontekście wychowywania dzieci jako wegan:

1. Konsultacja z Profesjonalistą Zdrowia: Wskazane jest skonsultowanie się z profesjonalistą zdrowia, takim jak dietetyk lub pediatra, aby upewnić się, że potrzeby żywieniowe dziecka są właściwie zaspokojone. Mogą oni udzielić wskazówek dotyczących odpowiednich wielkości porcji z uwzględnieniem wieku, wymagań odżywczych oraz ewentualnych suplementów.

2. Skoncentruj się na Żywności Pełnowartościowej: Podkreśl znaczenie spożywania różnorodnych produktów roślinnych, takich jak owoce, warzywa, pełnoziarniste produkty zbożowe, rośliny strączkowe, orzechy i nasiona. Te produkty dostarczają niezbędnych składników odżywczych, takich jak białko, żelazo, wapń i kwasy tłuszczowe omega-3.

3. Żywność Wzbogacona i Suplementy: Niektóre składniki odżywcze, takie jak witamina B12 i witamina D, mogą być trudne do uzyskania wyłącznie z wegańskiej diety. Rozważ włączenie żywności

wzbogaconej, np. napojów roślinnych i płatków śniadaniowych, lub skonsultuj się z profesjonalistą zdrowia w sprawie suplementów.

4. Bądź Pozytywnym Wzorem: Bądź pozytywnym wzorem dla swoich dzieci, samemu żyjąc zgodnie ze stylem życia wegańskim. Pokaż im korzyści płynące z współczucia wobec zwierząt, troski o środowisko i własnego zdrowia. Prowadź otwarte i dostosowane do wieku rozmowy na temat weganizmu, odpowiadając na ich pytania i rozwiązując ewentualne wątpliwości.

5. Edukuj i Wspieraj: Ucz swoje dzieci powodów, dla których rodzina wybrała styl życia wegański. Pomóż im zrozumieć wpływ ich wyborów żywieniowych na zwierzęta, środowisko i ich własne samopoczucie. Zachęcaj do podejmowania świadomych decyzji i rozwijania umiejętności krytycznego myślenia.

Nawigowanie w Sytuacjach Społecznych

Życie jako weganin w nie-wegańskim świecie może stwarzać wyzwania, zwłaszcza w sytuacjach społecznych. Jednak z odrobiną przygotowania i otwartej komunikacji możliwe jest skuteczne poruszanie się w tych sytuacjach. Oto kilka wskazówek dotyczących radzenia sobie z sytuacjami społecznymi jako wegańska rodzina:

1. Komunikacja z Wyprzedzeniem: Jeśli uczestniczysz w spotkaniu towarzyskim lub wydarzeniu, wcześniej poinformuj gospodarza o swoich preferencjach żywieniowych. Zaproponuj przyniesienie wegańskiego dania do podzielenia się, zapewniając, że będzie coś odpowiedniego dla Twojej rodziny.

2. Bądź Przygotowany: Przed wyjściem do restauracji lub na wydarzenie, wcześniej zorientuj się, które miejsca oferują wegańskie opcje. Zapoznaj się z ich menu, aby mieć pewność, że będą odpowiednie wybory dla Twojej rodziny.

3. Zabierz Przekąski: W trakcie wypadów lub podróży zabierz wegańskie przekąski i posiłki dla swojej rodziny, aby uniknąć sytuacji, w której brakuje odpowiednich opcji żywieniowych. To pomoże zapobiec uczuciu głodu i umożliwi wszystkim korzystanie z czasu bez uczucia ograniczenia.

4. Edukuj Innych: Wykorzystaj sytuacje społeczne jako okazję do edukowania innych na temat weganizmu. Bądź otwarty na pytania i rozwiewanie ewentualnych nieporozumień. Dziel się swoją wiedzą i doświadczeniem, aby pomóc stworzyć bardziej zrozumiałe i akceptujące otoczenie.

5. Skoncentruj się na Kontaktach: Pamiętaj, że spotkania towarzyskie to przede wszystkim okazja do nawiązywania kontaktów z innymi. Zamiast skupiać się wyłącznie na jedzeniu, podkreśl znaczenie spędzania czasu z bliskimi. Angażuj się w znaczące rozmowy i działania, które zbliżą was do siebie.

Życie jako wegańska rodzina może być transformacyjnym doświadczeniem, sprzyjającym jedności, współczuciu oraz dzieleniu wspólnych wartości. Przyjęcie stylu życia wegańskiego jako rodzina nie tylko poprawia własne zdrowie i dobre samopoczucie, ale również sprawia pozytywny wpływ na świat wokół nas.

7. Podsumowanie

7.1 Korzyści Związane z Weganizmem

Weganizm oferuje liczne korzyści zarówno dla jednostki, jak i dla planety. Przyjęcie diety wegańskiej może przynieść poprawę zdrowia, przyczynić się do dobrostanu zwierząt i wywrzeć pozytywny wpływ na środowisko. Przeanalizujmy niektóre z kluczowych korzyści płynących z przyjęcia stylu życia wegańskiego.

Poprawa Zdrowia

Jednym z głównych powodów, dla których ludzie wybierają styl życia wegański, są potencjalne korzyści zdrowotne. Badania wykazały, że dobrze zaplanowana dieta wegańska może dostarczać wszystkich niezbędnych składników odżywczych dla optymalnego zdrowia. Skupiając się na spożywaniu całych roślinnych produktów, takich jak owoce, warzywa, pełnoziarniste produkty zbożowe, rośliny strączkowe, orzechy i nasiona, można uzyskać szeroki zakres witamin, minerałów i przeciwutleniaczy wspierających ogólne samopoczucie.

Dieta wegańska jest naturalnie uboga w nasycone tłuszcze i cholesterol, co może pomóc w zmniejszeniu ryzyka chorób serca, nadciśnienia i udaru. Ponadto diety oparte na roślinach zostały związane z niższym ryzykiem rozwoju niektórych rodzajów nowotworów, takich jak rak jelita grubego, piersi i prostaty.

Co więcej, przyjęcie stylu życia wegańskiego może prowadzić do utraty wagi i poprawy kontroli wagi. Diety oparte na roślinach zazwyczaj są uboższe kalorycznie i bogatsze w błonnik, co może pomóc w utrzymaniu uczucia sytości przez dłuższy czas i wspierać zdrową utratę wagi.

Aspekty Etyczne

Kolejną istotną korzyścią płynącą ze stylu życia wegańskiego jest aspekt etyczny. Wiele osób decyduje się na weganizm, ponieważ wierzy w etyczne traktowanie zwierząt. Poprzez powstrzymywanie się od spożywania produktów pochodzenia zwierzęcego, aktywnie opowiadasz się przeciwko okrucieństwu i wykorzystywaniu zwierząt.

Produkcja żywności pochodzenia zwierzęcego często wiąże się z praktykami, które powodują ogromne cierpienie zwierząt, takimi jak hodowla przemysłowa, gdzie zwierzęta są przetrzymywane w ciasnych przestrzeniach i poddawane nieludzkim warunkom. Wybierając styl życia wegański, promujesz współczucie i szacunek dla wszystkich istot żywych.

Wpływ na Środowisko

Wpływ środowiskowy hodowli zwierząt to palący problem we współczesnym świecie. Hodowla zwierząt jest głównym źródłem emisji gazów cieplarnianych, wylesiania, zanieczyszczenia wód i wyczerpywania zasobów naturalnych. Przyjmując styl życia wegański, możesz znacząco zmniejszyć swój ślad węglowy i przyczynić się do ochrony planety.

Diety oparte na roślinach wymagają mniejszych zasobów, takich jak ziemia, woda i energia, w porównaniu do diet opartych na produktach zwierzęcych. Redukując popyt na produkty zwierzęce, pomagasz łagodzić zmiany klimatu, zachować różnorodność biologiczną i chronić ekosystemy.

Zwiększona Różnorodność Kulinarna

Wbrew powszechnemu przekonaniu, styl życia wegański nie ogranicza wyboru potraw. Wręcz przeciwnie, otwiera przed tobą świat kulinarnych możliwości i pobudza kreatywność w kuchni. Eksplorując przepisy i składniki roślinne, możesz odkryć szeroki wachlarz smaków, tekstur i kuchni z różnych zakątków świata.

Od sycących warzywnych gulaszy po kolorowe miseczki zbożowe i wykwintne desery bez nabiału, nie brakuje pysznych opcji wegańskich. Przyjęcie stylu życia wegańskiego może poszerzyć twoje podniebienie i wprowadzić cię w świat nowych i ekscytujących potraw, o których wcześniej być może nawet nie myślałeś.

Pozytywny Wpływ Społeczny

Wybór stylu życia wegańskiego może również wywierać pozytywny wpływ na społeczeństwo. Poprzez wsparcie alternatyw opartych na roślinach i propagowanie zmian, przyczyniasz się do rozwoju bardziej zrównoważonego i współczującego systemu spożywczego. W miarę wzrostu popytu na produkty wegańskie, coraz więcej firm inwestuje w alternatywy oparte na roślinach, co prowadzi do większej dostępności i przystępności cenowej dla wszystkich.

Dodatkowo, dzięki dzieleniu się swoją historią związaną z stylem życia wegańskim, możesz inspirować i edukować innych na temat korzyści płynących z weganizmu. Poprzez dawanie przykładu i prowadzenie znaczących rozmów, możesz pomóc w tworzeniu bardziej współczującego i otwartego na różnice świata.

Podsumowując, przyjęcie stylu życia wegańskiego niesie ze sobą wiele korzyści, w tym poprawę zdrowia, aspekty etyczne, wpływ na środowisko, eksplorację kulinarną i pozytywną zmianę społeczną. Świadomymi wyborami w diecie i stylu życia możesz przyczynić się do bardziej zrównoważonej i współczującej przyszłości dla wszystkich.

7.2 Kontynuowanie Twojej Wegańskiej Podróży

Gratulacje za rozpoczęcie swojej wegańskiej podróży! Wybierając styl życia wegański, nie tylko wpływasz pozytywnie na swoje zdrowie, ale także na środowisko i dobrostan zwierząt. W miarę jak podążasz tą drogą, istnieje kilka aspektów, które warto wziąć pod uwagę, aby zapewnić udaną i satysfakcjonującą wegańską podróż.

Poszerzanie Horyzontów Kulinarnych

Jednym z najbardziej ekscytujących aspektów życia wegańskiego jest odkrywanie nowych i pysznych produktów opartych na roślinach. Kontynuując swoją wegańską podróż, ważne jest, aby eksplorować różnorodność owoców, warzyw, zbóż, roślin strączkowych, orzechów i nasion. Eksperymentuj z różnymi smakami, teksturami i technikami gotowania, aby utrzymać swoje posiłki ciekawe i przyjemne.

Nie bój się próbować nowych przepisów lub kuchni tradycyjnie opartych na roślinach, takich jak indyjska, środkowo-wschodnia czy azjatycka. Te kuchnie często mają bogatą historię kulinarną opartą na roślinach i mogą dostarczyć Ci wielu inspiracji do własnych posiłków.

Radzenie Sobie w Sytuacjach Społecznych

Życie jako weganin w świecie niestawiającym na weganizm może czasem stanowić wyzwanie w sytuacjach społecznych. Ważne jest, aby podchodzić do tych sytuacji z cierpliwością, zrozumieniem i pozytywnym podejściem. Pamiętaj, że wybór weganizmu to sprawa osobista, i nie jest twoją odpowiedzialnością przekonywanie lub nawracanie innych.

Podczas jedzenia poza domem z przyjaciółmi czy rodziną, warto wcześniej sprawdzić restauracje przyjazne weganom lub proponować miejsca oferujące opcje wegańskie. Jeśli znajdziesz się w sytuacji, gdzie wybór dań wegańskich jest ograniczony, nie wahaj się prosić o modyfikacje lub zamiany składników, aby dostosować się do Twoich potrzeb żywieniowych.

Budowanie Systemu Wsparcia

Posiadanie systemu wsparcia może być bezcenne w trakcie twojej wegańskiej podróży. Otaczaj się ludźmi o podobnych przekonaniach, którzy dzielą twoje wartości i mogą dostarczyć ci zachęty i wsparcia. Rozważ dołączenie do lokalnych grup wegańskich lub społeczności online, gdzie możesz nawiązać kontakt z innymi, którzy podążają podobną ścieżką.

Dodatkowo warto mieć wsparcie w swoim własnym domu. Jeśli żyjesz z osobami, które nie są weganami, kluczowa jest otwarta i szanująca komunikacja. Podziel się swoimi powodami wyboru wegańskiego stylu życia i omówcie sposoby, aby uczynić posiłki dostępnymi dla wszystkich.

Kontynuowanie Edukacji

Jak w przypadku każdej zmiany stylu życia, istotne jest, aby kontynuować naukę na temat weganizmu. Bądź na bieżąco z najnowszymi badaniami, informacjami i wydarzeniami w społeczności wegańskiej. To nie tylko pogłębi Twoje zrozumienie korzyści płynących z wegańskiego stylu życia, ale także wyposaży Cię w wiedzę do odpowiadania na powszechne pytania i obawy innych.

Rozważ czytanie książek, oglądanie dokumentów czy słuchanie podcastów, które eksplorują różne aspekty weganizmu, takie jak zdrowie, etyka i wpływ na środowisko. To ciągłe kształcenie nie tylko wzmocni Twoje zaangażowanie w weganizm, ale także umożliwi Ci bycie obrońcą pozytywnych zmian.

Przyjmowanie Zrównoważonego Podejścia

Choć ważne jest być zaangażowanym w styl życia wegański, równie istotne jest utrzymanie zrównoważonego podejścia. Pamiętaj, że bycie weganinem nie polega na doskonałości, ale na podejmowaniu świadomych wyborów zgodnych z Twoimi wartościami. Jeśli znajdziesz się w sytuacji, w której trudno będzie ściśle przestrzegać diety wegańskiej, nie bądź zbyt surowy dla siebie. Skup się na postępie, nie na doskonałości.

Dodatkowo istotne jest priorytetowe traktowanie ogólnego zdrowia i dobrostanu. Zwracaj uwagę na potrzeby swojego ciała i upewnij się, że otrzymujesz różnorodne składniki od pożywienia roślinnego. Rozważ skonsultowanie się z dietetykiem zarejestrowanym, specjalizującym się w żywieniu wegańskim, aby upewnić się, że spełniasz swoje wymagania żywieniowe.

Dzielenie Się Swoją Podróżą

W miarę jak kontynuujesz swoją wegańską podróż, możesz zauważyć, że inni zaczynają być ciekawi twojego stylu życia i dokonanych wyborów. Wykorzystaj to jako okazję do dzielenia się swoimi doświadczeniami, wiedzą i korzyściami płynącymi z wegańskiego stylu życia. Pamiętaj, aby podchodzić do tych rozmów z empatią, zrozumieniem i szacunkiem dla odmiennych perspektyw.

Dzieląc się swoją podróżą, masz potencjał inspirować i wpływać na innych, aby dokonywali pozytywnych zmian w swoim życiu. Bez względu na to, czy poprzez media społecznościowe, blogowanie czy po prostu rozmowy z przyjaciółmi i rodziną, Twój głos może mieć znaczenie w tworzeniu bardziej współczesnego i zrównoważonego świata.

Kontynuowanie wegańskiej podróży to ciągły proces rozwoju, nauki i odkrywania samego siebie. Przyjmij wyzwania i świętuj zwycięstwa po drodze. Pamiętaj, że twój wybór bycia weganinem korzystnie wpływa nie tylko na Twoje własne zdrowie, ale także sprawia pozytywny wpływ na planetę i życie zwierząt. Bądź zaangażowany, pozostań poinformowany i kontynuuj bycie latarnią morską współczucia w świecie, który tego potrzebuje.

7.3 Tworzenie Pozytywnego Wpływu poprzez Weganizm

Weganizm to nie tylko wybór dietetyczny; to styl życia, który może mieć głęboki wpływ na świat wokół nas. Przyjmując wegański styl życia, świadomie decydujesz się promować współczucie, równoważność i odpowiedzialność za środowisko. W tej sekcji przyjrzymy się różnym sposobom, w jakie weganizm może wpłynąć pozytywnie na nasze zdrowie, dobrostan zwierząt i środowisko.

Promowanie Dobrostanu Zwierząt

Jednym z głównych powodów, dla których ludzie decydują się na bycie weganinem, jest przeciwstawienie się okrucieństwu wobec zwierząt. Odstępując od spożywania produktów pochodzenia zwierzęcego, aktywnie przyczyniasz się do zmniejszenia cierpienia zwierząt. Przemysł mięsny, mleczarski i jajczarski są notoryczne ze względu na nieludzkie traktowanie zwierząt, obejmujące praktyki hodowlane, więziennictwo i zbędne okrucieństwo. Wybierając wegański styl życia, wysyłasz potężny komunikat, że nie popierasz tych praktyk i opowiadasz się za etycznym traktowaniem zwierząt.

Zmniejszenie Złego Wpływu na Środowisko

Hodowla zwierząt jest znaczącym czynnikiem degradacji środowiska. Produkcja mięsa, nabiału i jaj wymaga ogromnych obszarów ziemi, wody i zasobów. Jest odpowiedzialna za wylesianie, zanieczyszczenie wód, emisję gazów cieplarnianych i zniszczenie siedlisk. Przyjmując wegański styl życia, zmniejszasz swój ślad węglowy i pomagasz łagodzić zmiany klimatyczne. Diety oparte na roślinach wykazują znacznie niższy wpływ na środowisko w porównaniu do diet zawierających produkty pochodzenia zwierzęcego.

Oszczędzanie Zasobów Naturalnych

Produkcja produktów pochodzenia zwierzęcego wymaga znacznych ilości zasobów, w tym wody, ziemi i energii. Wybierając wegański styl życia, pomagasz chronić te cenne zasoby. Diety oparte na roślinach są bardziej efektywne pod względem wykorzystania zasobów, ponieważ potrzebują mniejszych nakładów, aby wyprodukować tę samą ilość jedzenia. Ta ochrona zasobów może przyczynić się do bardziej zrównoważonej przyszłości naszej planety.

Poprawa Zdrowia Ludzkiego

Dobrze zaplanowana dieta wegańska może dostarczyć wszystkich niezbędnych składników odżywczych dla optymalnego zdrowia. Przyjmując wegański styl życia, pozytywnie wpływasz na własne samopoczucie. Diety oparte na roślinach zostały związane z mniejszym ryzykiem chorób przewlekłych, takich jak choroby serca, cukrzyca i niektóre rodzaje raka. Zazwyczaj są one ubogie w nasycone tłuszcze i cholesterol, a bogate w błonnik, witaminy i minerały. Poprzez priorytetowe traktowanie całych, roślinnych produktów spożywczych, dostarczasz swojemu ciału niezbędnych składników odżywczych potrzebnych do zdrowego funkcjonowania.

Wspieranie Globalnego Bezpieczeństwa Żywnościowego

Globalne zapotrzebowanie na produkty pochodzenia zwierzęcego rośnie, co wprowadza obciążenie dla naszych systemów żywnościowych. Hodowla zwierząt wymaga ogromnych obszarów ziemi i zasobów, które mogłyby być używane bardziej efektywnie do produkcji roślinnych produktów spożywczych. Wybierając wegański styl życia, wspierasz bardziej zrównoważony i sprawiedliwy system żywnościowy. Diety oparte na roślinach mają potencjał karmienia większej liczby ludzi przy mniejszym zużyciu zasobów, przyczyniając się do globalnego bezpieczeństwa żywnościowego.

Inspirowanie do Zmian

Żyjąc jako weganin i dzieląc się swoimi doświadczeniami z innymi, masz moc inspiracji do zmiany. Twoje wybory mogą wpłynąć na tych wokół ciebie, zachęcając ich do rozważenia wpływu ich własnych wyborów żywieniowych. Prowadząc przez przykład i uczestnicząc w otwartych i szanujących rozmowach, możesz pomóc rozwiewać nieporozumienia dotyczące weganizmu i promować bardziej współczujący i zrównoważony świat.

Wybór wegańskiego stylu życia to nie tylko kwestia tego, co jesz; to decyzja o pozytywnym wpływie na świat. Poprzez promowanie dobrostanu zwierząt, redukcję wpływu środowiskowego, oszczędzanie zasobów, poprawę zdrowia ludzkiego, wsparcie globalnego bezpieczeństwa żywnościowego i inspirowanie zmian, przyczyniasz się do bardziej współczującej i zrównoważonej przyszłości. Przyjmij moc weganizmu i stań się siłą dla pozytywnych zmian na świecie.

7.4 Podsumowanie Kluczowych Punktów

Gratulacje z powodu ukończenia tego przewodnika dla początkujących dotyczącego diety wegańskiej! Teraz powinieneś mieć solidne zrozumienie, czym jest dieta wegańska, jakie korzyści niesie dla zdrowia i środowiska oraz jak skutecznie przejść na wegański styl życia. W tej ostatniej sekcji podsumujemy główne wnioski z tej książki i dostarczymy dodatkowych zasobów, które pomogą Ci w Twojej podróży wegańskiej.

W ciągu tej książki eksplorowaliśmy różne aspekty diety wegańskiej, w tym jej definicję, korzyści zdrowotne, aspekty etyczne oraz praktyczne wskazówki dotyczące życia jako weganin. Oto kilka kluczowych punktów do zapamiętania:

Dieta wegańska wyklucza wszystkie produkty pochodzenia zwierzęcego, w tym mięso, nabiał, jaja i miód. To dieta oparta na roślinach, skupiająca się na spożywaniu owoców, warzyw, pełnoziarnistych produktów zbożowych, roślin strączkowych, orzechów i nasion.

Weganizm oferuje liczne korzyści zdrowotne, takie jak zmniejszenie ryzyka chorób przewlekłych, takich jak choroba serca, cukrzyca i niektóre rodzaje raka. Może również pomóc w utracie wagi i poprawie ogólnego samopoczucia.

Przejście na wegański styl życia może wymagać pewnego planowania i dostosowania. Ważne jest stopniowe wprowadzanie roślinnych produktów spożywczych do diety, eksperymentowanie z nowymi przepisami i znajdowanie wegańskich alternatyw dla ulubionych produktów niebędących wegańskimi.

Życie jako weganin może być satysfakcjonujące i nagradzające, ale może również wiązać się z wyzwaniami, zwłaszcza w sytuacjach społecznych i podczas jedzenia poza domem. Jednakże, dzięki właściwej przygotowaniości i komunikacji, możesz sprawnie poruszać się w takich sytuacjach.

Weganizm to nie tylko kwestia zdrowia osobistego; to także współczujący i etyczny wybór. Wybierając wegański styl życia, aktywnie przyczyniasz się do dobrostanu zwierząt i zmniejszasz wpływ środowiskowy hodowli zwierząt.

Konieczne jest upewnienie się, że dieta wegańska spełnia twoje potrzeby żywieniowe. Spożywając różnorodne roślinne produkty spożywcze, możesz uzyskać wszystkie niezbędne witaminy, minerały i białko. Jednakże, może być korzystne uzupełnianie witaminy B12, kwasów omega-3 i witaminy D, szczególnie jeśli masz określone ograniczenia żywieniowe lub obawy.

Przejście na wegański styl życia to osobista podróż, a doświadczenia każdego mogą się różnić. Niektórzy ludzie mogą zauważyć natychmiastowe zmiany w poziomie energii i ogólnym samopoczuciu, podczas gdy inni mogą potrzebować więcej czasu na dostosowanie się. Ważne jest, aby słuchać swojego ciała i dokonywać dostosowań, gdy to konieczne.

Dodatkowe Zasoby

Aby dodatkowo wesprzeć Cię w Twojej wegańskiej podróży, oto kilka dodatkowych zasobów, które mogą Ci się przydać:

1. Książki:

- "The Vegan Starter Kit" by Neal D. Barnard

- "How Not to Die" by Michael Greger

- "The China Study" by T. Colin Campbell

2. Aplikacje:

- HappyCow: Pomaga znaleźć wegańskie restauracje i sklepy w pobliżu.

- Vegan Amino: Łączy Cię z społecznością wegan dla wsparcia i porad.

- Is It Vegan?: Skanuje kody kreskowe produktów, aby sprawdzić, czy są wegańskie.

3. Dokumenty:

- "Cowspiracy: The Sustainability Secret"

- "Forks Over Knives"

- "Earthlings"

Pamiętaj, że wegańska podróż jest wyjątkowa dla każdego osobnika. Ważne jest, aby być cierpliwym wobec siebie i szukać wsparcia od osób o podobnych przekonaniach lub w społecznościach online. Kontynuując naukę, próbując nowych przepisów i eksplorując różnorodne roślinne produkty spożywcze, możesz doskonale funkcjonować na diecie wegańskiej i mieć pozytywny wpływ na swoje zdrowie, środowisko i dobrostan zwierząt.

Powodzenia w Twojej wegańskiej podróży!

www.ingramcontent.com/pod-product-compliance
Lightning Source LLC
Chambersburg PA
CBHW071339140726
47996CB00005B/2052